U0855296

# 赢在平台

## 解锁工业互联网的动力密码

王建伟◎主编

人 民 邮 电 出 版 社
北 京

图书在版编目（ＣＩＰ）数据

赢在平台 ： 解锁工业互联网的动力密码 / 王建伟主编. -- 北京 ： 人民邮电出版社, 2018.12
ISBN 978-7-115-50067-0

Ⅰ. ①赢… Ⅱ. ①王… Ⅲ. ①互联网络－应用－工业发展－研究 Ⅳ. ①F403-39

中国版本图书馆CIP数据核字(2018)第247184号

## 内 容 简 介

本书分为“平台革命”和“平台聚能”上下两篇，在系统论述平台内涵、架构、内核、价值与国内外发展情况的基础上，用大量案例阐述了各类平台在不同场景中的应用路径与作用机理，给产业界开展工业互联网平台应用探索提供了有益的参考。本书可以帮助从业者全面了解工业互联网平台、走进工业互联网平台、用好工业互联网平台，从而在新一轮产业变革中创新发展，找到赢在平台之路。

◆ 主　　编　王建伟
责任编辑　赵　娟　王建军
责任印制　彭志环
◆ 人民邮电出版社出版发行　　北京市丰台区成寿寺路 11 号
邮编　100164　　电子邮件　315@ptpress.com.cn
网址　http://www.ptpress.com.cn
北京富诚彩色印刷有限公司印刷
◆ 开本：880×1230　1/32
印张：11.75　　2018 年 12 月第 1 版
字数：193 千字　　2018 年 12 月北京第 1 次印刷

定价：88.00 元

读者服务热线：(010)81055488　印装质量热线：(010)81055316
反盗版热线：(010)81055315
广告经营许可证：京东工商广登字 20170147 号

# 编　委　会


主　编：王建伟

副主编：朱　敏

委　员：陈　杰　于秀明　刘　默

田洪川　杨　楠　闫君峰

初美呈

# 序

当前，新一代信息技术加速发展和跨界融合，制造业加速向数字化、网络化、智能化方向延伸拓展，软件定义、数据驱动、平台支撑、服务增值、智能主导的特征日趋明显，新技术、新产品、新业态、新产业层出不穷，全球产业正处于重塑发展理念、调整失衡结构、重构竞争优势的关键节点。平台，作为数据汇聚的载体、资源配置的核心，正在新一轮科技革命和产业变革中扮演着关键角色，成为产业竞争各方高度重视和发展的核心要素。

党的十九大报告中明确提出："加快建设制造强国，加快发展先进制造业，推动互联网、大数据、人工智能和实体经济深度融合。"习近平总书记在十九届中央政治局第二次集体学习时强调，要"继续做好信息化和工业化深度融合这篇大文章，深入实施工业互联网创新发展战略"。国务院于2017年11月27日印发《关于深化"互联网+先进制造业"发展工业互联网的指导意见》，提出"构建工业互联网网络、平台、安全三大体系，加快工业转型升级"。2018年政府工作报告明确指出"发展工业互联网平台”。2018年以来，工业和信息化部先后出台了《工业互联网发展行动计划（2018—2020年）》《工业互联网平台建设及推广指南》等实施细则，会同财政部设立专项资金，通过完善政策体系、实施重大工程、开展试点示范、组织宣贯培训等举措，加快推动工业互联网平台创新发展。可以说，工业互联网平台已成为我国制造强国和网络强国建设的重要内容，推动互联网、大数据、人工智能和实体经济深度融合的关键抓手。

我国工业互联网平台的发展总体处于起步阶段，亟须针对工业互联网平台的内涵、技术、产业，特别是平台的赋能作用与路径等问题深入研究，总结提炼各行各业在利用工业互联网平台实现提质增效与转型升级方面的经验模式。

为了更好地推动工业互联网的发展，我们从深入分析国家发展战略出发，组织编写了《工业赋能：深度剖析工业互联网时代的机遇和挑战》和《赢在平台：解锁工业互联网的动力密码》。作为姊妹篇，这两本书既各自成体系，又互相锦上添花，为讲解与宣传工业互联网平台的意义和价值起到了举足轻重的作用。

《工业赋能》全书分为大势篇、体系篇、赋能篇、实践篇和未来篇：大势篇从科技革命和产业变革的背景，界定了工业互联网的内涵和特点，分析工业互联网在打造制造强国和网络强国中的地位和作用；体系篇详细阐述工业互联网的功能体系，重点解读工业互联网平台的体系架构和关键技术，介绍了典型代表平台；赋能篇选用了中国企业在工业互联网实践中的成功案例；实践篇从政策推进、应用推广、组织实施三个维度对工业互联网在中国的实践提出了路径建议；未来篇从技术、产业两个维度描述了工业互联网发展的蓝图，提出打造完整的工业互联网体系，帮助我国实现从制造网络化到网络化制造、从制造大国到制造强国的转变，实现历史的跨越。

《赢在平台》分为“平台革命”和“平台聚能”上下两篇，在系统论述平台内涵、架构、内核、价值与国内外发展情况的基础上，用大量的案例阐述了各类平台在不同场景中的应用路径与作用机理，为产业界开展工业互联网平台应用提供了有益的参考。希望读者朋友能够从中获取经验知识，全面了解工业互联网平台、走进工业互联网平台、用好工业互联网平台，在新一轮产业变革中创新发展，找到赢在平台之路。

是为序。

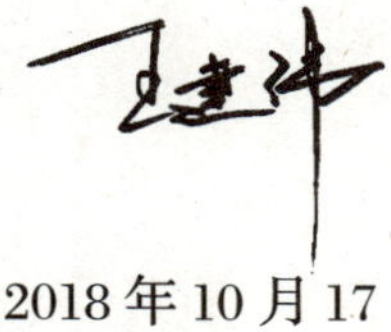

2018年10月17日

# 前　言

当前，互联网创新发展与新工业革命正处于历史交汇期，互联网从消费领域向生产领域、从虚拟经济向实体经济快速延伸，工业经济由数字化向网络化、智能化深度拓展，工业互联网正成为推动互联网、大数据、人工智能和实体经济融合发展的突破口。党中央、国务院高度重视工业互联网的发展，习近平总书记指出，要深入实施工业互联网创新发展战略。国务院2017年11月印发了《关于深化“互联网＋先进制造业”发展工业互联网的指导意见》，李克强总理在政府工作报告中提出“发展工业互联网平台”。加快工业互联网平台的建设及推广，对我国加快制造强国和网络强国建设，推动制造业质量变革、效率变革和动力变革，实现经济高质量发展，具有重要意义。

平台作为工业互联网的核心，是工业全要素、全产业链、全价值链连接的枢纽，是实现制造业数字化、网络化、智能化过程中工业资源配置的核心，是信息化和工业化深度融合背景下的新型产业生态体系，支撑着制造资源的泛在连接、弹性供给、高效配置，发挥着类似谷歌 Android、苹果 iOS、微软 Windows 的关键作用，是实现网络化制造的关键依托。

首先，工业互联网平台是新工业体系的“操作系统”。工业互联网平台向下对接海量工业产品装备、业务系统以及生产能力，向上支撑工业智能化应用的快速开发与部署，是工业知识沉淀、复用、重构的重要载体，支撑构建了基于软件定义的高度灵活与智能的新工业体系。工业互联网平台连接的人、机、物的数量将远远大于消费互联网平台所连接的人的数量，根据梅德卡夫定律，其带来的价值也将远远超过消费互联网平台。

其次，工业互联网平台是制造资源优化的系统解决方案。制造业数字化、网络化、智能化解决方案的演进经历了本地部署、私有云和公有云 3 个阶段，体现了制造资源优化的不断拓展与深化。在资源优化的范围上，工业互联网平台泛在连接大型企业和量大面广的中小企业，“云上”资源沿着点、线、面方向不断拓展，通过跨企业、跨行业、跨领域的深度融合和高效协同，推动制造资源优化从单点走向局部、从局部走向全局。在资源优化的频率上，工业互联网平台拥有强大、廉价的云计算存储和大数据计算能力，可推动企业实现制造资源的实时优化。

第三，工业互联网平台是全球产业生态竞争的新焦点。工业互联网平台具有显著的“马太效应”，当其工业App和用户达到一定规模、形成双边市场时，平台将会获得爆发式增长，形成赢者通吃的竞争局面。工业互联网平台具有显著的“替代效应”，能够极大地降低企业信息化部署的成本和难度，推动制造业走向体系重构、动力变革和范式迁移的新阶段。

面对全球范围逐步兴起的“平台革命”，国内外的主要企业纷纷开展平台布局，从发展情况来看，主要体现为“5个聚焦”。一是聚焦平台。继GE（General Electronic Company，通用电气公司）推出Predix、西门子推出MindSphere之后，ABB、施耐德、SAP、PTC等其他企业纷纷推出自己的平台产品，如ABB推出的Ability平台承载180多种行业解决方案。二是聚焦企业“云化”。国外企业构建平台的目的是通过“云化”方式，开放自身经验能力和业务系统，形成新的业务能力，其推广路径普遍选择“服务自身—服务供应链企业—向社会开放”。三是聚焦“操作系统”。GE、西门子等企业正在构建一个向下接入海量设备、自身承载工业知识与微服务、向上支撑工业App开发部署的“操作系统”，如目前Predix承载300多个资产和流程模型、190多个工业微服务。四是聚焦工业App。国外企业普遍认为，工业App是拉动工业互联网平台能力建设的引擎，如GE打造Predix.io开发者社区，已培育200多个工业App，并与苹果公司合作构建开发者生态。五是聚焦产业联盟。美国工业互联网联盟、德国工业4.0平台的作用和地位日益凸显，行业号召力越来越强，正在通过技术报告等方式影响融合领域的标准制定。

从国内工业互联网的发展情况来看，主要有4个方面的特点。一是平台企业加快与国际对标。如航天云网强化设备连接与工业App开发等平台功能，推动云制造平台升级为INDICS工业互联网平台；海尔将“人单合一”生产模式落地为COSMOPlat工业互联网平台。二是大企业加快平台化转型。和利时等自动化企业、徐工等制造企业、用友等软件企业、华为等信息技术企业、阿里巴巴等互联网企业以及一批初创企业均推出了平台产品。三是中小企业加快上云。广东、上海、浙江、山东等地纷纷出台政策，加大支持力度，推动中小企业上云，如江苏常州开展“千企上云”专项行动，启动1个月就有超过2100家工业企业上云。四是联盟发挥积极作用。工业互联网产业联盟成员突破800家，设立了14个平台测试床，集聚各方主体，共同开展平台技术与模式的试验测试。

虽然我国工业互联网平台的发展与国外基本同步，但在平台能力、应用水平等方面仍有差距，主要体现在3个方面：一是产业界对工业互联网平台仍缺乏清晰的认识，工业互联网平台的内涵、核心功能、应用价值仍不明确，大部分制造企业对平台应用还持观望态度，平台发展的市场牵引力不强；二是工业互联网平台的发展存在同质化竞争、碎片化发展的问题，难以形成合力，缺少与国外企业竞争的平台企业；三是部分环节仍有不足之处，在核心芯片、开源技术等方面存在“卡脖子”的情况，在工业机理模型、工业 App 等方面与国外平台存在较大差距。

面对汹涌而来的“平台浪潮”，深刻分析平台发展的内生动力与应用前景，剖析平台对工业数字化、网络化、智能化的聚能作用，对于加快“互联网 + 先进制造业”发展工业互联网、加快制造强国和网络强国建设具有重要意义。

# 目　录

上篇：

## 平台革命

# 上篇：

# 平台革命

# 第一章

# 平台定位：工业赋能的超级引擎

近年来，随着工业4.0、工业互联网、智能制造、数字经济、信息消费等理念不断涌现，平台作为这些理念的共性支撑已成为制造、商业、经济和互联网领域热度最高的词汇之一。平台模式正在颠覆各个领域，购物、社交、资讯、出行，概莫能外。在过去20年里，平台模式改变了经济和市场体系。在数字化经济中，平台也开始变革工业的运营模式，正在成为制造资源集聚与协同的载体，构建未来工业最重要的商业模式，在全球范围掀起一场“平台革命”。

全球领先企业纷纷加快战略布局，抢占平台竞争制高点。作为工业互联网、工业4.0的倡导者和主导者，GE和西门子分别推出Predix和MindSphere工业互联网平台，抢占工业大数据入口的主导权、培育开发者和增强用户黏性，其本质是以开放化平台为核心，向下整合硬件资源，向上承载软件应用，构建基于工业云的制造业生态，引领未来工业的发展方向。

平台革命就在这里，平台与工业的融合正在加速发生，已有的工业互联网平台仍在持续进化中。但是工业互联网平台究竟是什么？它有哪些特征？又有哪些类型？我们将在本章讨论这些问题。

## 平台的界定与分类

互联网平台的定位是连接者、匹配者和市场机制的设计者。所有的平台都有一套相同的基础平台基因——它们都是为了使生产者和顾客匹配以及促进他们之间的交互，不论交换的标的是什么。平台的首要目标是通过商品、服务或社会货币的交换为所有参与者创造价值。

平台无处不在，我们这里特指互联网平台，即利用互联网科技连接生态系统中互动的人、机构和资源，创造意想不到的价值并进行价值交换。技术驱动的互联网平台是互联网经济和实体经济融合发展的新引擎，它可以创造快速实现规模化增长的商业模式。微信、淘宝、滴滴出行只是社交和消费领域平台的 3 个例子。

具体到工业领域，工业互联网平台是全要素连接的枢纽，是工业资源配置的核心，是工业智能化的“神经中枢系统”。平台、网络和安全构成了工业互联网的三大要素，其中平台是核心。

进一步讲，工业互联网平台是连接设备、软件、工厂、产品、人等工业全要素的枢纽，是海量工业数据采集、汇聚、分析和服务的载体，是支撑工业资源泛在连接、弹性供给、高效配置的中枢，是实现网络化制造的核心依托。从“云”“网”“端”的角度来看，工业互联网平台以“云”为核心，通过“网”的泛在连接，实现对海量终“端”、资源、数据和主体的汇聚集成与优化配置。

工业互联网平台的核心功能包括3个方面：一是基础支撑能力，能够基于先进的计算架构和高性能的云计算基础设施，支撑海量异构数据的采集、接入、存储、处理和计算；二是工业操作系统能力，能够向下对接海量设备、承载工业知识，对外开放开发环境与接口，向上承载工业App，实现工业资源的优化配置与制造体系的智能驱动；三是应用服务能力，能够基于工业数据、知识、资源等的汇聚，实现软件工具共享、云端业务集成应用、制造和服务能力交易、业务和模式创新以及合作生态构建。

## 1. 用四大特征界定工业互联网平台

工业互联网平台将对制造系统带来一次重大升级，将传统的以流程为核心驱动的制造模式转变为流程与数据共同驱动的制造模式，通过对生产数据的实时感知、集成、分析与决策，实现对流程的动态优化，形成各类生产制造活动的智能化闭环。我们可以认为，工业互联网平台为工业数据而生，泛在连接、云化服务、知识积累、应用创新是辨识工业互联网平台的四大特征。

泛在连接。通过对数据资源的接入和集成，工业互联网平台进一步实现对各类制造资源的集成，具备对设备、软件、人员等各类生产要素数据的全面采集能力。多源异构数据的广泛集成，既包括工业现场各种生产装备、传感器、工业控制系统等，也包括来自产品设计、仿真试验、生产管理、资源管理在内的各种不同软件系统的数据，此外还涉及人员操作和决策数据。工业互联网平台将工业系统中的数据大范围汇聚，为后续的关联分析与深度挖掘创造条件。

云化服务。工业互联网平台将数据汇聚起来，上传到云计算平台进行分析处理，是未来的主要方向。基于成熟的、经验证的技术及大数据平台支撑工业数据的数据建模、数据抽取、查询与计算，与传统实时数据库、关系数据库和 MPP 数据混搭应用，完成工业互联网数据的清洗、集成，将工业系统与数据对象进行关联，实现基于云计算架构的海量数据存储、管理和计算。同时，工业互联网平台能够满足多种不同场景的智能化分析需求，既可以面向单台生产设备优化运行和加工参数、面向一个车间分析产品质量、面向一批产品提供远程运维服务，也可以面向企业提供智能化运营决策，以及企业间的制造资源与供应链协同。在部署方式上，工业互联网平台可以根据企业对信息数据安全的要求，采取私有云、混合云或公有云等多种部署策略。

**知识积累。**通过在设计、生产、设备管理等不同场景的应用，平台将逐步汇聚包括生产、设计、供应链在内的各类制造资源，利用工业互联网平台提供基于工业知识机理的数据分析能力，能够将汇聚的设计方案、生产工艺、管理经验、设备机理等各种知识固化、积累和复用。海量多维高频数据为各种复杂数据挖掘技术的应用创造了条件，并使企业有条件对多领域数据进行综合集成分析（如设计、生产与产品检验数据），从而在产业资源组织、知识传承与扩散等方面形成创新模式。

**应用创新。**工业互联网平台能够调用平台功能及资源，提供开放的工业 App 开发环境，实现工业 App 创新应用。差异化的工业数据分析需求决定了应用创新要依靠产业生态的力量共同推进。因此，在工业互联网平台的功能要素中，高度强调对第三方应用开发的承载和支撑能力。大多数工业互联网平台支持调用平台数据，相当多的平台进一步为开发者提供了开发工具，并把一部分算法或工业模型封装为微服务，供开发者调用，以降低开发门槛。一个基于工业互联网平台的开放创新生态正在形成。

### 2. 多角度的平台分类

#### 按平台应用分

我们初步按生产管控、资源协同、服务创新、创业创新、公共支撑 5 个应用领域梳理了 16 种工业互联网平台类型。在各种工业互联网平台中，我们可以看到这些平台的影子，不同类型之间组合又会产生新的平台应用模式，主要有以下几种。

生产管控：设备优化、工艺优化、运营优化、质量优化。

资源协同：协同研发、协同制造、供应链协同。

服务创新：产品溯源、精准营销、远程运维。

创业创新：众包众创、管理创新、个性定制。

公共支撑：共性关键技术测试验证、基础及创新技术支撑、两化融合服务。

我们将在下篇中详细讲述它们的故事。

**按平台服务范围分**

按照平台服务范围可以将平台分为综合性平台和行业性平台。前者如阿里 supET、浪潮云平台、航天云网 INDICS、用友精智、华为 OceanConnect、紫光云平台、索为、寄云、和利时 HiaCloud、云道智造 Simdroid 等；后者也可按照垂直行业进一步细分为以下几种平台。

电子信息：富士康 BEACON 等。

工程机械：如徐工 Xrea、三一根云等。

轻工家电：如海尔 COSMOPlat 等。

汽车制造：如江淮汽车 J–ConNet 等。

钢铁行业：宝钢、东方国信 Cloudiip 等。

石化行业：石化盈科 ProMACE 等。

电力行业：国网青海电力新能源互联网平台等。

其他：康居网等。

**按平台建设主体分**

按照平台建设主体的性质可以将平台分为 4 类，如图 1–1 所示。一是装备与自动化企业，从自身的核心产品能力出发构建

来源：中国信息通信研究院

图 1-1　工业互联网平台建设按主体性质划分为 4 类平台

平台，强化在各自领域的主导地位，如GE、西门子、ABB、和利时等；二是生产制造企业，将数字化转型经验以平台为载体对外提供服务，向服务化转型以实现可持续的发展，如三一重工、海尔、航天科工等；三是工业软件企业，借助平台的数据汇聚与处理能力提升软件性能，拓展服务边界，如PTC、SAP、Oracle、用友等；四是信息技术企业，发挥IT技术优势将已有平台向制造领域延伸，如IBM、微软、华为、思科等。

## 打造"工业操作系统"

不同的平台有一些相同的基本元素。例如，在移动手机行业，目前有两个主要平台——苹果支持的 iOS 系统和谷歌支持的 Android 系统。在任何一个平台注册的用户都能享受该平台提供的价值，如手机内置相机的照相、摄像功能等。同时，平台用户也享受着一群开发者为拓展平台功能而生产内容所创造的价值，如一款手机应用软件的价值是在用户使用苹果手机时实现的，平台本身使价值交互成为可能。

传统商业模式像"管道"一样工作，供应商在一端，顾客在另一端。价值的创造和传递像是在管道里一步步完成的：公司先设计产品或服务，再制造产品，然后投入市场进行销售或交付服务，最终用户出现并购买产品或服务。工业互联网的兴起与发展将打破原有封闭、隔离、固化的"管道式"工业系统，扁平、灵活、高效的组织模式将成为新工业体系的基本形态，平台将吞食传统管道。

最近几年，越来越多的商业从管道结构转向平台结构。在转换的过程中，简单的管道格局转变成一种复杂的关系，供应商、顾客以及平台本身都进入了一个多变的关系网中。在平台世界里，不同的用户——一些是供应商，一些是顾客，还有一些是在不同的时间分别扮演不同角色的人——利用平台的资源与其他人进行连接和互动，在这个过程中，他们交换、消费，有时共同创造了某些价值。区别于从供应商到顾客的单向流动，价值在不同的地点以不同的形式被创造、改变、交换和使用，所有这些都基于平台的辅助在连接中实现。

所以，**工业互联网平台是新工业体系的“操作系统”**。工业互联网平台向下对接海量工业产品装备、业务系统及生产能力，向上支撑工业智能化应用的快速开发与部署，是工业知识沉淀、复用、重构的重要载体，支撑构建了基于软件定义的高度灵活与智能的新工业体系。工业互联网平台连接的人、机、物的数量将远远大于微软 Windows、谷歌 Android 和苹果 iOS 所连接人的数量，根据梅德卡夫定律，其带来的价值也将远远超过上述操作系统。平台的兴起与发展将打破原有封闭、隔离、固化的工业系统，开放、共享、扁平、灵活、高效的组织架构将成为新工业体系的基本形态。

平台已经成为全球互联网发展与竞争的核心。谷歌、苹果等跨国巨头凭借强大的消费互联网平台的掌控力，主导了全球互联网应用与产业生态发展。当前，伴随着新一代信息通信技术和制造业的融合发展，以平台为核心的产业竞争正从消费领域向制造领域拓展。

# 平台推动制造业变革

随着数字技术的不断发展，特别是随着芯片、传感器和通信设备变得越来越小巧和高效，连接正变得无处不在。现在许多连接设备不在计算设备（如笔记本电脑和手机）中，而是在普通机器及装置中，包括制造业的所有设备。随着设计师和工程师发明了越来越多的用于连接机器、工具和其他与人进行日常互动的设备，一个巨大的新数据基础设施层正在形成。这个新的网络空间将会对平台的力量产生深远的影响。

蓬勃发展的物联网为未来的平台增加了新的链接层和动力，并通过一种新的价值创造方式将人和设备相互连接。更重要的是，工业互联网的潜在力量会随着提供给我们的设备品种及其功能的增加而持续增长。实际上，平台模式的变革潜力还只是初露端倪。

高科技投资公司凯鹏华盈的合伙人大卫·芒（David Mount）把创新浪潮称为工业觉醒（Industrial Awakening）。经济学家杰里米·里夫金（Jeremy Rifkin）巧妙地总结了物联网的巨大价值，以及一些更广泛的含义："现在有110亿个传感器将设备连接到物联网。到2030年，100兆个传感器将到位……持续地向交通、能源和物流互联网发送大量数据。任何人都将能够访问物联网，并使用大数据分析开发预测算法，以加快效率、大幅提高生产率、降低生产和配送物理商品的边际成本直至接近零的水平（包括能源、产品和服务），就像我们现在处理信息商品一样。"

随着新一轮科技革命和产业变革的蓬勃兴起，制造业加速向数字化、网络化、智能化方向延伸拓展，软件定义、数据驱动、平台支撑、服务增值、智能主导的特征日趋明显，发展工业互联网平台对推动制造业质量变革、效率变革和动力变革，实现高质量发展具有重要作用。

工业互联网平台能够优化制造业的资源配置效率，推动制造业数字化、网络化和智能化变革。工业互联网平台承载了数以亿计的设备、系统、工艺参数和软件工具，是工业资源汇聚共享的载体。企业通过工业互联网平台，能够实现数据驱动的智能化生产变革，优化制造资源配置，降低企业生产管理成本，提高生产效率和服务质量，强化制造业竞争能力。

**工业互联网平台能够促进供需对接，实现用户体验式消费与个性化定制。**工业互联网平台将制造企业、上下游企业、消费者连接在一起，通过数据的挖掘和利用，实现生产者与消费者的充分对接，促进市场潜在需求感知、产品定制生产与产品服务增值，加快形成制造业新动能。

**工业互联网平台能够激发制造业的创新活力，带动新一轮创新创业浪潮。**随着互联网与制造业不断融合，设备监测维护、网络化协同制造、远程产品服务、众包众创等一系列工业互联网新模式、新业态不断涌现。工业互联网平台有助于互联网领域积累的人才、知识向工业领域延伸，支撑各类工业应用的开发创新，加快工业互联网平台生态体系的完善。

全球工业互联网加速深化发展，工业互联网平台作为工业互联网实施落地与生态构建的关键载体，正成为全球主要国家和产业界布局的关键方向，也正成为抢占全球制造业主导权的必争之地。金融危机以来，GE、西门子、博世等企业围绕制造业数字化、网络化、智能化持续推进战略转型。通过一系列兼并重组、业务转型、模式创新，在不断提高装备智能化水平、加快软件云化迁移步伐、打造开源社区生态的基础上，GE、西门子分别推出 Predix、MindSphere 平台，抢占工业大数据入口主导权、培育海量开发者、增强用户黏性，构建基于工业云的制造业生态，不断巩固和强化制造业垄断地位。

工业互联网平台推动制造资源局部优化向全局优化演进，是构建现代化产业体系、推动经济高质量发展、抢占新一轮产业革命制高点的重要举措。对我国来讲，其重要意义还体现在以下 3 个方面。

工业互联网平台是建设制造强国和网络强国的焊接点。工业互联网平台一头连着制造，另一头连着互联网，是制造强国、网络强国统筹推进的重要抓手，是深化制造业与互联网融合发展的焊接点。从制造强国来看，工业互联网平台通过跨设备、跨系统、跨厂区、跨地区的资源链接和高效协同，加速重构生产体系、引领组织变革、优化资源配置，打造新型制造体系。从网络强国来看，工业互联网平台为信息通信业发展提供了新的蓝海，推动 5G、窄带物联网（NB-IoT）、软件定义网络（SDN）、时间敏感网络（TSN）等网络技术的演进升级，促进我国信息网络基础设施、技术产业、应用水平的提升，打造具有中国特色的工业互联网平台，可充分发挥我国制造业门类齐全、独立完整、规模庞大以及互联网应用创新活跃、产业规模领先、人才资本聚集的叠加优势，有利于重构生产体系、引领组织变革、优化资源配置，有利于培育新技术、新产品、新业态、新模式，有利于打造新型制造体系，加快形成经济增长新动能以及精准、高效的供给体系。

**工业互联网平台是建设现代化产业体系的重要支撑。**工业互联网平台是物联网、云计算、大数据、智能传感、工业软件、工业技术等跨界融合、集成创新的结果，正在构建现代化产业体系的新基础、新要素和新业态，支撑产业的高端化、智能化、绿色化、生态化发展。新基础就是构建智能感知（一硬）、工业软件（一软）、泛在网络（一网）、云平台（一平台）等现代化产业体系新基础设施；新要素就是基于数据这个新生产要素重构工业知识沉淀、传播、复用和价值创造新体系；新业态就是对传统产业体系进行解耦，重建网络化协同、个性化定制、服务型制造等新业态。通过这些新的基础、新的要素、新的业态的构建，加快形成万物互联、数据驱动、软件定义、智能主导、服务增值的现代化产业体系。

**建设工业互联网平台是我国经济实现高质量发展的重要举措。**我国经济已由高速增长阶段转向高质量发展阶段，这要求企业加快转变发展方式、优化经济结构、转换增长动力。工业互联网平台的本质是通过构建精准、实时、高效的数据采集互联体系，推动机器、物料、系统、产品、人等参与主体对各类要素信息的泛在感知、云端汇聚、高效分析和科学决策，促进传统制造体系中各环节生产要素的解耦、整合和重构，推动涉及生产全要素、全流程、全产业链、产品全生命周期管理的各类资源优化配置。这将让制造资源从单机走向系统、从封闭走向开放、从流程优化到组织变革，推动资源优化沿着点、线、面、体、大系统、巨系统的方向不断拓展，提高全要素生产率，推动经济发展质量变革、效率变革和动力变革。

**工业互联网平台是全球新一轮产业竞争的制高点。**在过去40年，产业生态的竞争，在ICT领域愈演愈烈。从40年前的Wintel体系到Android、iOS，从电子商务、搜索引擎到社交平台，一批领军企业主导了全球ICT产业的生态发展。当前，伴随着新一代信息通信技术和制造业的融合发展，产业生态的竞争正在从ICT领域向制造领域拓展，像GE、西门子等领军企业围绕“智能机器 + 云平台 + 工业App”功能架构，整合“平台提供商 + 应用开发者 + 用户”生态资源，抢占工业大数据入口的主导权、培育海量开发者、增强用户黏性，打造基于工业互联网平台的制造业生态，不断巩固和强化制造业的垄断地位，抢占全球新一轮产业竞争的制高点。

# 第二章

# 平台架构：打造新型生态体系

工业互联网平台构建主体多样、涵盖元素广泛，具有结构杂、功能多、商业模式新等特点。我们创建、运作、治理平台，一个关键任务是把众多资源整合起来，形成一个完整的生态体系。尽管平台功能非常复杂，但是基本结构都是一样的：

**边缘层（数据采集）+ 平台层（工业 PaaS）+ 应用层（工业 SaaS）= 工业互联网平台**

本章将介绍平台的通用体系架构什么？涉及哪些具体的关键技术？有哪些主体参与平台构建？平台又赋予软件哪些新形态？

## 三层体系架构

分析国外工业互联网平台架构，可以发现其核心要素包括边缘层（数据采集）、平台层（工业 PaaS）、应用层（工业 App），其平台架构如图 2–1 所示。

### 1. 边缘层（数据采集）：平台的基础

边缘层的主要功能是构建精准、实时、高效的数据采集体系。在边缘层，通过大范围、深层次的数据采集，以及异构数据的协议转换与边缘处理，构建了工业互联网平台的数据基础。边缘层是实时分析、科学决策的起点，也是建设基于工业互联网平台的制造业生态的基础。IaaS 层则为平台提供计算和存储能力，以及网络基础设施。

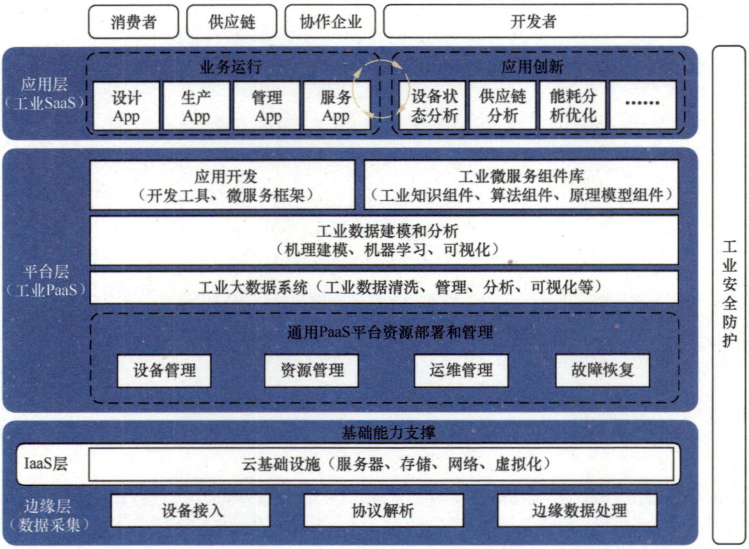


来源：中国信息通信研究院

图 2-1　工业互联网平台架构

### 2. 平台层（工业 PaaS）：平台的核心

平台层通过工业技术、经验、知识、方法的软件化、模块化，打造微服务组件池，以“搭积木”的方式提供应用开发、创建、部署的基础环境，形成“工业操作系统”。平台层实现对软硬件资源和开发工具的接入、控制和管理，为应用的开发提供必要的接口及存储计算、工具资源等支持。

工业 PaaS 是工业互联网的发动机，帮助用户快速构建定制化的工业 App 并形成商业价值，实现行业核心经验和知识的固化封装，为开发者提供统一的开发环境，成为资源汇聚的关键节点，是平台技术能力的集中体现，是当前生态竞争的焦点，是争夺工业互联网规则制定权和生态话语权的关键，同时也是当前领军企业投入的重点。

当前，工业 PaaS 建设的总体思路是，通过对通用 PaaS 平台的深度改造，构造满足工业实时、可靠、安全需求的云平台，采用微服务架构，将大量工业技术原理、行业知识、基础模型规则化、软件化、模块化，并封装为可重复使用的微服务，通过对微服务的灵活调用和配置，降低应用程序开发门槛和开发成本，提高开发、测试、部署效率，为海量开发者汇聚、开放社区建设提供技术支撑和保障。

典型案例：GE 基于亚马逊 AWS 和微软 Azure 的 IaaS 平台，通过对 Pivotal Cloud Foundry 等开源 PaaS 平台的定制化开发形成一套通用的运行环境，将高端装备数据异常检测、数据清洗与预处理、机器学习等经验固化成原理性应用微服务，并通过开发者计划，鼓励初创公司基于 Predix 平台开发各类微服务。西门子正在利用亚马逊 AWS 的 IaaS 平台和

SAP HANA 提供的开源 PaaS 平台，开发制造工艺优化、能源管理等微服务。

### 3. 应用层（工业 App）：平台的关键

应用层通过使用和调用平台开发工具、微服务组件，形成面向特定行业和场景的数字化解决方案，体现工业互联网平台的最终价值。面向用户实际需求的各类智能应用是实现模式创新、业态创新的关键载体，推动平台应用生态体系的构建。应用层通过打造新商业模式，不断汇聚应用开发者、软件开发商、服务集成商、工业用户、平台运营商等各方资源，成为行业领军企业和软件巨头打造共生共赢生态系统的关键。

当前，工业 App 发展的总体思路：一方面，利用传统的 CAX、ERP、MES 等研发设计工具和管理软件加快云化改造，满足企业分布式管理和远程协作的需要；另一方面，让大量开发者将工业技术、工艺知识和制造方法固化和软件化，开发形成专用 App 应用。

典型案例：GE 围绕打造基于 Predix 平台的第三方工业 App 应用，一方面推动能源、医疗设备、航空等垂直行业已有的远程监测、预测性维护应用软件向云端迁移；另一方面积极培育开发者队伍，构建开放社区，鼓励第三方基于平台开发数据可视化、质量管理等各类专业应用。西门子 MindSphere 平台通过与 SAP、IBM、埃森哲等厂商合作，面向流程行业开发了工业自动化、设备故障检测等多个工业 App 应用。同时，一些初创企业面向工程机械、医疗、航空等复杂的智能产品，开发出基于云平台的新型工业 App，并实现商业化应用，如美国 Uptake、C3 IoT 等物联网初创企业运用了预测分析、机器学习等技术，开发了一系列针对设备管理、故障预测的 App 应用，其应用价值已经得到了资本市场的认可，目前融资额均已超过 1 亿美元。

我们可以认为，工业互联网平台是工业云平台的延伸发展，其本质是在传统云平台的基础上叠加物联网、大数据、人工智能等新兴技术，构建更精准、实时、高效的数据采集体系，建设包括存储、集成、访问、分析、管理功能的使能平台，实现工业技术、经验、知识的模型化、软件化、复用化，以工业 App 的形式为制造企业提供各类创新应用，最终形成资源富集、多方参与、合作共赢、协同演进的制造业生态。

# 七大关键技术

工业互联网平台需要解决多类工业设备接入、多源工业数据集成、海量数据管理与处理、工业数据建模分析、工业应用创新与集成、工业知识积累迭代实现等一系列问题，涉及七大类关键技术，分别为数据集成和边缘处理技术、IaaS 技术、平台使能技术、数据管理技术、工业数据建模与分析技术、应用开发和微服务技术、安全技术，如图 2-2 所示。

## 1. 数据集成和边缘处理技术

数据集成和边缘处理技术位于技术体系的边缘层，是工业互联网平台的基础。该技术主要负责将工业现场设备接入平台边缘层，通过协议转换技术实现采集数据的格式转换、统一以及数据的远程接入，再通过边缘处理技术实现数据向云端平台的间接集成。

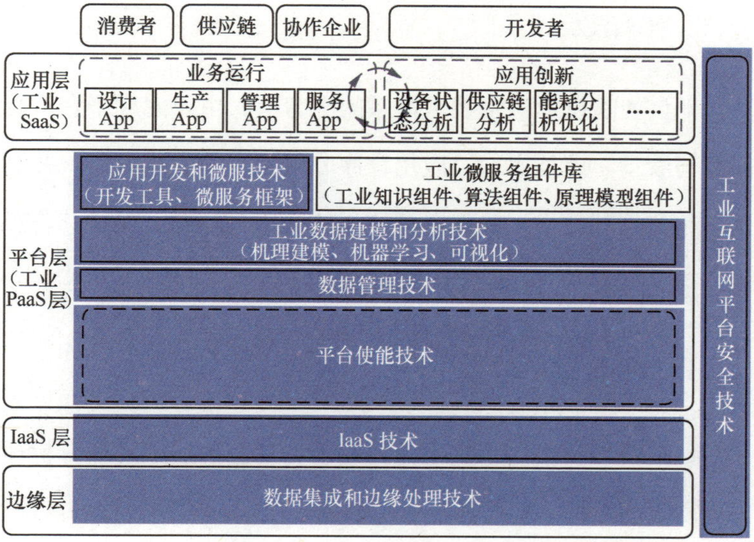


来源：中国信息通信研究院

图 2-2　工业互联网平台关键技术体系

## 2. IaaS 技术

IaaS 技术位于技术体系的 IaaS 层，主要为平台用户提供分布式存储和计算等基础资源能力，实现各类资源的云端集成。该技术基于虚拟化、分布式存储、并行计算等技术，实现计算机资源的池化管理，根据需求进行弹性分配，为用户提供完善的云基础设施服务。

### 3. 平台使能技术

平台使能技术位于技术体系的平台层，主要完成平台资源部署与管理。该技术通过应用程序分配相应的底层资源，并利用多租户管理技术，确保资源使用的安全与隔离，保护其隐私与安全。

### 4. 数据管理技术

数据管理技术位于技术体系的平台层，为后续建模分析提供高质量的数据来源。该技术主要负责工业互联网数据的清洗、集成，实现海量工业数据的分区选择、存储、编目与索引，并将工业系统与数据对象进行关联，包含数据预处理、数据存储等功能。

### 5. 工业数据建模与分析技术

工业数据建模与分析技术位于技术体系的平台层，是工业互联网平台具备工业实体虚拟映射和智能数据分析能力的关键。该技术主要负责面向工业数据的聚类、关联和预测分析，基于已知工业机理构建各类模型，实现分析应用，涉及虚拟样机、数据分析建模等技术。

### 6. 应用开发和微服务技术

应用开发和微服务技术位于技术体系的平台层，是工业互联网平台的核心。该技术凭借复杂度可控、独立部署、技术选型灵活、容错、扩展等优势，满足工业互联网时代快速变更的市场需求，主要涉及在微服务架构下的服务通信、服务发现等技术。

### 7. 安全技术

安全技术涵盖整个工业系统的安全管理体系，是工业互联网平台可靠、平稳运行的综合保障基础。该技术从数据流动路径出发，分别对数据接入、平台本身和访问进行安全保护，避免网络设施和系统软件受到内部和外部攻击，确保数据传输与存储的安全性，实现对工业生产系统和商业系统的全方位保护。

在上述七大类技术中，平台使能技术、工业数据建模与分析技术、数据集成与边缘处理技术、应用开发和微服务技术正快速发展，对工业互联网平台的构建和发展产生深远影响。

在边缘层，边缘计算技术极大地拓展了平台收集和管理数据的范围和能力。边缘侧多协议转化技术强化平台数据接入能力，实现传感器、控制系统、管理软件等不同来源的海量数据在云端的集成与汇聚；边缘数据处理和缓存技术有效提升平台承载能力，正成为当前主要平台的共同选择；边缘分析技术显著增强平台实时分析能力，通过边缘分析以及与云端的协同，更好地满足工业用户对实时性和可靠性的要求。SAP 正在推动 HANA 平台底层部署应用边缘计算产品，实现现场数据预处理，提高数据传输效率，降低云端负载。思科正探索在工业交换机上应用边缘计算技术，在本地实现数据的轻量级运算和实时分析，利用数量庞大的边缘计算节点有效降低云端存储和计算压力。

在平台层，PaaS 技术、新型集成技术和容器技术正在加速改变信息系统的构建和组织方式。基于通用 PaaS 的二次开发成为工业 PaaS 的主要构建方式，为上层工业 App 开发屏蔽设备连接、集成与部署软件、调度计算资源；新型集成技术成为平台能力开放的重要手段，通过支撑多源异构系统快速集成，为能力开放、知识共享奠定基础；容器技术支撑平台及应用的灵活部署，满足工业场景中海量且个性化的开发需求。

在应用层，微服务等新型开发框架驱动工业软件开发方式不断变革。基于微服务的开发方式支持多种开发工具和编程语言，并通过将通用功能进行模块化封装和复用，加快应用部署速度，降低应用维护成本；基于图形拖拽的开发方式降低了对开发人员编程基础、开发经验的要求，使其可以专注于功能设计，从而降低应用开发的门槛。

## 多类主体参与

开发者和用户参与并创造价值，是互联网平台突出的特点。在消费领域，互联网平台促成用户在两种角色之间快速切换，生产者即消费者，共同创造，共同消费。微信触及了超过 10 亿名用户，用户，生态系统已经成为竞争优势和市场主导的新根源。iPhone 庞大的生态系统为其获得了巨大的经济回报。

工业互联网平台也需要在开放合作的生态环境中实现良性竞争和发展。目前，各方积极投入工业互联网平台的创新与服务的提供，初步形成了以平台提供商为核心，以应用创新与生态构建为主要方向，多方共同参与的产业体系，如图 2–3 所示。

**多类主体转型为平台提供商，成为产业资源的整合者与应用生态的构建者。**来自装备制造、工业自动化、工业软件、通信与信息技术等不同领域的企业均加快平台布局，成为平台的提供者和运营者。如装备制造企业包括 GE、三一重工等，工业自动化企业包括西门子、和利时、施耐德等，工业软件企业包括 PTC、SAP、用友等，通信企业包括华为、中国电信、AT&T 等，信息技术企业包括微软、亚马逊、普奥、Ayla 等。这些企业在平台布局过程中以集成创新为主要模式，以构建应用创新生态为主要目的，积极整合通信、协议转换、数据管理、数据分析、平台服务、应用开发等各类产业和技术要素，不断完善平台功能，力图尽快吸引更多开发者入驻平台，提升平台的竞争力。

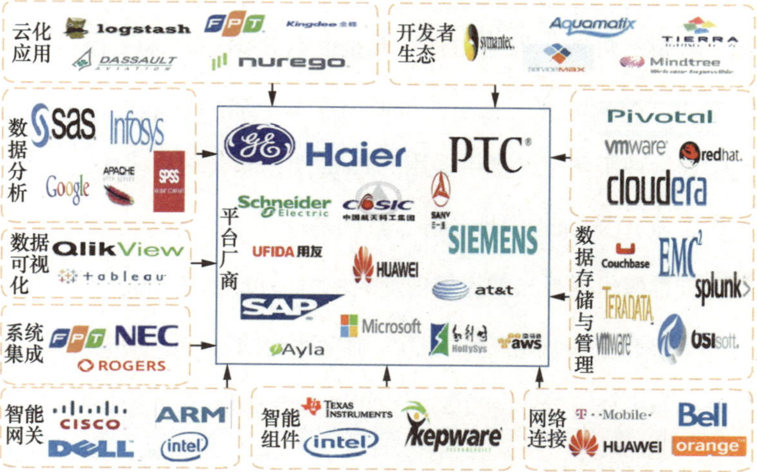


来源：中国信息通信研究院

图 2-3 工业互联网平台相关产业生态

专业技术企业通过提供关键技术能力，成为平台产业的主要参与者。参与者通过向平台主导者提供数据采集、网络传输、大数据处理、PaaS 架构、系统集成等方面的技术和产品，成为平台关键能力的打造者。在数据采集层，网关设备制造商和底层智能组件开发商依托底层产品为工业互联网平台提供关键的数据采集能力，主要企业有戴尔、英特尔、思科等。网络提供商为工业互联网平台提供稳定可靠的通信网络，主要企业有华为、Orange、Bell 等。在平台服务层，大数据企业通过数据产品和平台的融合，为工业互联网平台提供强大的数据存储、管理、分析、可视化等能力，主要企业有 SAS、Infosys、Splunk、OSIsoft、Apache 等。此外，PaaS 企业依托自身在云计算领域的优势为管理服务平台提供通用的 PaaS 架构和云端系统集成服务，主要企业有 Pivotal、Vmware、红帽等。

软件提供商是当前应用创新的主力。领先的软件企业实现自身产品的平台化迁移部署。其中，拥有平台的软件企业将自身的软件产品与平台进行对接和集成，如 PTC 将 PLM 搭载在 ThingWorx 平台，SAP 将 ERP 迁移到自身的 HANA 平台；未自主提供平台的企业则与其他平台合作，实现软件产品向云端迁移，如金蝶与航天云网就“工业互联网 + 云 ERP”理念达成战略合作，金蝶云

ERP 已经可以在航天云网上向广大客户提供服务。

**海量开发者是未来激发平台应用创新活力的重要来源，是平台生态形成的关键驱动力。**当前主要的平台企业均积极打造开发者社区，通过技术开源、工具提供、文档分享、专家支持、利益共享等方式，吸引开发者入驻平台参与应用创新。GE 着力打造面向 Predix 平台的开发社区 Predix.io，通过提供开发工具、微服务、应用开发指导文档，以及举办线上技术研讨会等方式，吸引开发者。Predix 平台用于创建工业 App 的基础服务和分析工具超过 160 种。目前已经有超过 5 万位开发者、300 个合作伙伴基于 Predix 平台进行应用开发，其中 90% 为第三方开发。GE 预计 2020 年工业 App 总量将达到 50 万个。西门子于 2017 年推出全球性初创企业计划 MindSphere Rocket Club，培育基于 MindSphere 平台的工业 App 和微服务开发者队伍，目前，平台上的工业 App 已经超过 50 种。华为构建 OceanConnect 开发者社区，提供了 170 多种开放 API 和系列化 Agent，以及各类技术支持、营销支持和商业合作，在油气能源、生产与设备管理、车联网、智慧农业等领域吸引超过 80 个行业合作伙伴入驻。开发者社区通过运营加快技术共享和转移，开展人才培养和技术交流，推广创新和孵化项目，探索开发者在平台上的盈利模式，形成良性的互动发展，打造平台开发者生态。

工业互联网平台把建设者、开发者、用户、产业链上下游企业、中小微企业、其他利益相关者连接在一起，形成一个超大规模的创新协作、能力交易、价值共创的双边市场。围绕工业知识的生产和扩散，开发者和用户交互融合，开发者既拉动了用户需求，又受需求扩张反哺自身成长，形成工业 App 开发和海量用户双向迭代、互促共进的良好格局。

如 GE 与苹果达成合作，把 Predix 平台的开发工具和微服务开放给苹果，吸纳苹果 1300 万名开发者加入工业 App 开发，这将帮助 GE 把 Predix 平台打造成一个工业领域超级商店、一个全球知识交换中心，促进基于平台的开源社区生态繁荣。围绕价值链提升，制造企业与互联网企业跨界融合，基于平台开放共享资源、能力、品牌和渠道，通过合理定价、公平交易、利益分享机制，形成一个各方在同一平台，最大限度地达到价值共创共赢的生态。

如沈阳机床和神州数码合作共建 iSESOL 平台，给用户提供定制需求和闲置生产力供需对接服务，完成一次交易，平台各方参与者都能从付费收益中获得分成。围绕共同协作，大中小企业集聚融合，基于平台进行知识交换、能力分享和模式创新，实现以供应链为纽带的浅层次合作向全生态体系间的深层次融合发展。

如阿里云依托“人工智能 ET 工业大脑”平台，集聚江苏省 30 家信息服务企业的技术能力，为 300 家制造企业提供信息系统重构、全流程改造、业务服务化转型等系统解决方案，推动大中小企业的合作从简单的技术传递向可交易、可协作的服务生态转变。

平台打破了消费和生产的界限，促使企业从传统的向内聚焦到向外聚焦转变。因为平台最重要的价值是由社群用户创造的，平台商业必须将它的工作中心从内部活动转向外部活动。在这个过程中，公司运作模式发生了根本性颠倒——从市场营销开始拉动研发、生产、运营、战略和人力资源等，更关注业务外部的人、资源和功能，用于补充或替代存在于传统商业模式中的要素。

在平台模式下，创新正在从内部研发转为开放式创新，创造价值活动之前主要发生在内部的生产部门，而现在源于外部生产商和顾客，这意味着对外部事物的管理能力已经变成了一种关键的领导力技能。发展不依靠横向整合和垂直整合，而依靠功能整合和网络协作。

打造开放共享的价值网络是工业互联网平台发展的基础，目前，还没有一家公司能够独立提供工业互联网平台“云基础设施 + 终端连接 + 数据分析 + 应用服务”等端到端的解决方案，构建合作伙伴关系和生态系统是平台发展的主要途径。GE、西门子、施耐德、航天云网等公司通过与平台商、组件商、集成商合作以达到“强强联合”的效果，为客户提供更强大的服务。

平台企业通过跨领域合作，吸引更多行业伙伴基于平台开展应用创新，实现平台向更多领域拓展。如波音与微软合作，将设备预测维护、燃油消耗分析等航空分析应用迁移至微软的 Azure 平台，目前已有 300 多家企业基于平台使用这些服务。发那科与罗克韦尔合作，将后者的 Factory Talk View 等系列工厂管理应用向其 FIELD system 平台迁移。PTC 通过 ThingWorx 平台伙伴计划汇聚了数百家合作企业，强化平台与这些企业应用服务的无缝集成，同时吸引合作企业基于平台开发创新应用。

# 平台赋予软件新形态

工业互联网平台加速传统工业软件向 App 发展的进程，工业 App 时代正在来临。新一轮工业革命的兴起对软件产业与制造业的融合发展提出了更高的要求。工业技术软件化作为提升工业软件供给能力、弥补制造企业软件能力短板、降低智能制造成本和风险的重要手段，加快工业技术软件化进程，推动工业 App 创新发展，将成为充分发挥软件在工业领域“赋值、赋能、赋智”作用、快速提升软件对制造业支撑能力的重要途径，将成为抢抓新一轮工业革命的重大机遇、推进智能制造加快发展的务实选择和重要方向。与传统 IT 架构将模型软件部署在本地不同，工业互联网平台越来越多地将各类模型软件部署在云端。传统的各类工业软件通过架构重构、代码重写的方式部署到了云端，成为“云化”模型，在平台上具体体现为云化 SaaS；

同时，很多开发者基于云端开发环境正在开发更多的新型软件，成为“云生”模型，以及平台上的一个个云生 App，工业软件发展趋势如图 2–4 所示。

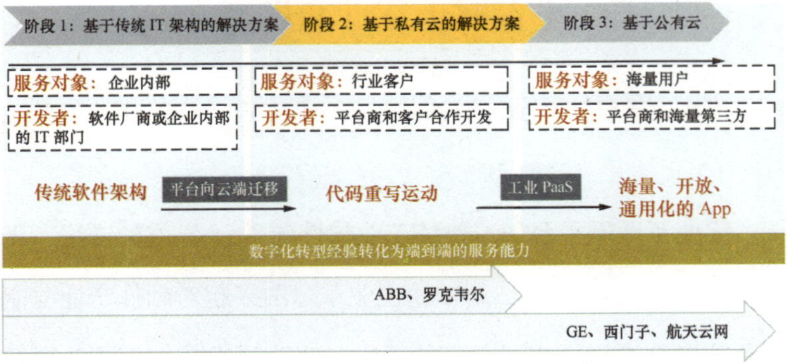


来源：安筱鹏博士

图 2-4　工业软件发展趋势

与数百万个移动 App 刺激了移动互联网的爆发类似，工业互联网概念的兴起，使工业 App 正迎来新的发展机遇。一方面，设备和自动化龙头企业基于微服务架构提供了大量的工业 App，如 GE Predix 平台基于微服务架构提供资产绩效管理、运营优化、资产建模、数据获取等 180 多种工业微服务供开发者调用，此外还提供了 150 多种工业 App 供用户直接使用。西门子 MindSphere 平台目前具有制造工艺优化、能源管理等 6 类工业微服务供用户调用，还具备流程优化、零部件监控等 50 多个工业 App 供不同行业的企业使用。另一方面，具备工业背景的初创企业加快研发基于云端的工业 App，如 Uptake 公司基于平台已研发了多种面向设备管理和故障预测的工业 App，融资近 1 亿美元，估值超过 10 亿美元。C3 IoT 公司的平台已具备完善的预测技术，基于工业 App 可实现 7000 万台设备的管理，目前融资近 1.1 亿美元，估值超过 14 亿美元。

传统工业软件研发方式正在被工业微服务颠覆。在企业里，CAD、CAE、MES、ERP、SCM 等传统工业应用软件往往是面向基础流程或服务进行设计和研发，并在部署阶段根据用户实际情况进行调整，整个软件研发的成本投入较大、研发周期较长，且不能灵活地响应用户的个性化需求。而工业互联网平台可采用工业微服务的方式将上述软件拆解成独立的功能模块，实现对原有生产体系的解构，随后在平台中构建富含各类功能与服务的微服务组件池，并按照实际需求调用相应的微服务组件，面向用户进行高效率和个性化的工业 App 研发，整个软件研发的技术门槛和投入成本会大大降低。原来需要专业团队和雄厚资金支持的精英化软件研发开始向大众化研发转变。

在平台建立初期，应用开发往往是平台运营商自行完成的，随着企业数量增多、应用需求扩大，平台自有服务能力很难满足多样化的需求，将应用开发开放给第三方开发者是工业互联网平台发展的必然途径。尤其在细分领域，特定场景的应用开发需要大量不同行业和领域的人才，开发者上云成为重构工业体系的重要一环。

平台需要构建更多主体参与的开放生态。围绕多行业、多领域、多场景的云应用需求，开发者通过对工业 PaaS 层微服务的调用、组合、封装和二次开发，将工业技术、工艺知识和制造方法固化和软件化，开发形成专用的 App 应用。通过企业与用户、生产与需求之间的双向促进和迭代，平台将逐渐形成开放共享的工业生态，这样制造业架构体系将发生革命性变革，工业企业不再全程参与应用开发，而是专注于自身的特长领域，通过平台合作机制实现价值共创。

工业 App 在工业互联网平台的支持下展现了巨大的活力。如 IBM、SAP 等 IT 公司在发展信息技术的同时，波音、空客、GE 等工业企业也在不断进行软件化。以 GE 公司为代表的工业企业有走向软件化的趋势，表明未来传统的工业软件会逐渐下沉为工业的基础设施，而工业技术、知识、能力的软件化以及由此带来的新型工业生态体系将是制造业未来发展的趋势和重点，其意义在于可以让工业技术更好地保护、更快地运转、更大规模地应用，从而十倍、百倍地放大工业技术的效应。工业技术软件化的核心是形成工业 App。据 GE 测算，到 2020 年，全球工业 App 市场规模超过 2250 亿美元，现在全球数控机床的市场规模约 2300 多亿美元，该规模相当于再造一个全球数控机床市场，而工业 App 市场在国内仍处于起步阶段。根据国务院 2017 年发布的《关于深化“互联网 + 先进制造业”发展工业互联网的指导意见》制定的目标，到 2020 年，我国工业互联网平台体系初步形成，建成一批支撑企业数字化、网络化、智能化转型的企业级平台，同时培育 30 万个面向特定行业、特定场景的工业 App。工业和信息化部电子第五研究所通过开发工业 App 质量安全检测技术，打造工业 App 全生命周期质量保证方案，构建了开放的工业 App 质量生态环境，为加速工业技术软件化发展进程，促进“百万工业 App”培育工程提质增效发挥了积极保障的作用。

在我国推动工业技术软件化的行动中，一方面加快 CAD、MES、ERP 等传统工业软件的云化改造和迁移，另一方面推动工业互联网平台开放共享工艺模型、知识组件、算法工具、开发工具等共性微服务组件，引导第三方开发者基于平台开发新型工业 App，形成基于平台的工业 App 开发者创新生态。行业主管部门计划面向工程机械、家电、航空、石化等重点行业，逐步培育 100 万个左右面向预测性维护、协同研发、全生命周期管理等特定应用场景的工业 App，推进工艺经验程序化、工业知识显性化和工业智能云计算化，壮大工业互联网平台产业。

# 第三章

# 平台价值：驱动工业革命

关于互联网经济的一种常见说法是“数据就是新型石油”，其中包含了很多道理。对平台公司来说，数据可以是巨大价值的来源，而且一些经营有方的公司正在通过各种方式使用数据以支撑其竞争地位。在消费领域，有些公司会利用数据霸权击败竞争对手，赢得胜利！

数据始终影响着工业化的进程。随着工业进入信息化时代，数据成为工业系统运行的核心要素，成为继土地、资本、劳动工具等传统生产要素之后的新型生产要素。“三分技术、七分管理、十二分数据”等说法都说明了数据在信息化中的重要作用。

工业大数据是工业互联网的核心，是工业智能化发展的基本原料。本章将回答：工业大数据是什么？从哪里来？到哪里去？如何分析？如何应用？模型与微服务应赋予数据怎样的价值？

# 工业大数据驱动工业变革

工业大数据即工业数据的总和，我们把它分成3类，即企业信息化数据、工业物联网数据和外部跨界数据。其中，企业信息化和工业物联网中机器产生的海量时序数据是工业数据规模变大的主要来源。未来由人产生的数据规模的比重会降低，由机器产生的数据将出现指数级增长。

工业大数据首先符合大数据的4V特征，即大规模（Volume）、速度快（Velocity）、类型杂（Variety）和低质量（Veracity）。此外，相对于其他类型的大数据，工业大数据还具有多模态、强关联、高通量等特征［有关工业大数据特征的详细解释可参考《中国工业大数据技术与应用白皮书》，工业互联网产业联盟（AII），2017.7］。通过对工业大数据的分析和挖掘可以了解问题产生的过程、造成的影响和解决的方式，这些信息被抽象化建模后转化成知识，再利用知识去认识、解决和避免问题，核心是从以往依靠人的经验，转向依靠挖掘数据中隐性的线索，使制造知识能够更加高效和自发地产生、利用和传承。在制造系统和商业环境变得日益复杂的今天，数据驱动几乎成为高效、便捷解决问题和积累知识的唯一途径和手段。

工业变革中依托互联网，通过产业链、价值链上各单元、各环节间的重组与优化，将产生贯穿全层级、全周期的信息数据链。通过打造贯穿从设计部门、智能机器、智能产品到决策平台的信息数据链，工业系统各组成部分将有机连接，并在虚拟现实中并行实施生产组织，从而实现对生产组织全过程的高效精准把控。GE 指出工业互联网实现的三大要素是智能联网的机器、人与机器协同工作及先进的数据分析能力。工业互联网通过智能联网的机器感知机器本身的状况、周边环境以及用户的操作行为，并通过深入分析这些数据提供如资产性能优化等制造服务。没有数据，新工业革命就是无源之水、无本之木。数据成为实实在在的生产力。

数据驱动是新工业革命创新变革的源泉。在制造行业，数据是企业研发、采购、生产、销售等几乎所有经营活动不可或缺的关键资源。通过全面采集与分析各个环节的数据，企业可以构建面向特定需求的基于网络的制造系统。通过工业数据全周期的应用，企业可以驱动工业系统的决策部署，实现机器弹性控制、运营管理优化、生产协同组织与商业模式创新，进而实现工业智能化发展。

工业大数据作为一种新的资产、资源和生产要素，在制造业创新发展中发挥着重要作用。新一代信息技术是如何优化制造业的资源配置效率的呢？从数据流动的视角来看，数字化解决“有数据”的问题，网络化解决“能流动”的问题，智能化解决数据“自动流转”的问题，即把正确的数据在正确的时间以正确的方式传递给正确的人和机器。企业能够把海量的工业数据转化为信息，信息转化为知识，知识转化为科学决策，以应对和解决制造过程的复杂性和不确定性等问题，在这个过程中企业可以不断提高制造资源的配置效率。

我们谈论工业互联网平台，与之前讲的两化融合、智能制造、制造业与互联网融合的差异在于，一是数据从哪里来，二是数据去哪里。在传统 IT 架构解决方案中，系统采集更多的是各类业务系统、产品模型、运行环境以及互联网的数据，但对工业互联网平台来说，最大的变化是实现了更多机器和设备的互联，工业互联网平台可以源源不断地采集到各类设备和机器的数据，实现多种数据的集成。在传统 IT 架构解决方案中，数据都汇集到本地各类业务系统中，这些系统大多是烟囱式、孤立的业务系统。与此不同的是，在工业互联网平台架构下，越来越多的数据汇聚到了云端，在云端进行数据的集中存储、管理和计算。

工业互联网平台是以数据为驱动、制造能力为核心的专业服务平台。**数据是平台的核心要素、数据流动是关键**，如图 3–1 所示。

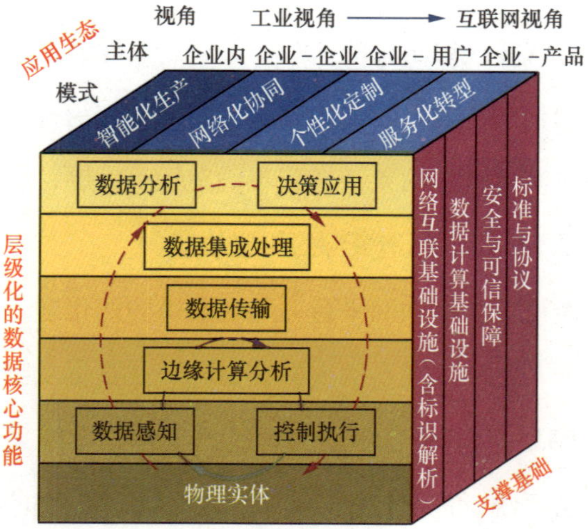


来源：工业互联网产业联盟（AII）

图 3-1　数据是平台的核心

工业大数据的及时性、完整性、开发利用水平，以及数据流、物质流和资金流协同集成能力，决定着企业制造资源的优化配置效率，引领生产方式和产业模式变革。因此，基于数据能力的合作成为平台业务发展和模式创新的动力源泉。全球主要的工业互联网平台都在积极争夺数据资源和争取数据能力合作，如 GE 收购了 Bit Stew Systems 和 Wise.io，PTC 收购了 Coldlight 等。

## 机理模型与算法引发创新浪潮

工业互联网平台的核心是工业 PaaS，工业 PaaS 的核心是数字化模型。工业领域具有大量的机理模型与丰富的专家经验，其分析范式更加注重数据科学与行业经验的融合。在机械制造、航空航天等行业领域存在大量的知识、经验、方法等，过去是以专利、操作习惯、工人工作经验等形式存储呈现出来，而在工业互联网时代，这些工业技术、经验、知识通过规则化、软件化、模块化，以数字化模型的形式沉淀在平台上。

利用工业互联网平台提供的基于工业知识机理的数据分析能力，企业能够将汇聚的设计方案、生产工艺、管理经验、设备机理等各种知识固化、积累和复用。通过在设计、生产、设备管理等不同场景的应用，平台将逐步汇聚包括生产、设计、供应链在内的各类制造资源。海量多维高频数据为各种复杂的数据挖掘技术的应用创造了条件，并使企业有条件进行多领域数据的综合集成分析（如设计、生产与产品检验数据），从而在产业资源组织、知识传承与扩散等方面形成创新模式。

数据分析算法主要运用数学统计、机器学习及最新的人工智能算法实现面向历史数据、实时数据、时序数据的聚类、关联和预测分析。其面向特定工业应用场景，对海量工业数据进行深度分析和挖掘，并提供可调用的特征工程、分析建模等工具包，能够快速建立可复用、可固化的智能应用模型。各个工业互联网平台通过各种数据挖掘算法，探索工业大数据的价值和实现平台的价值。

对工业机理的深入理解是工业数据分析的重要前提。在工业长期发展的过程中，工业企业面向不同行业、不同场景、不同学科积累了大量的经验与知识，这些工业机理的理解和提炼能够对生产现象进行精准描述和有效分析，对传统工业生产和管理的优化起到了重要作用。随着新型数据科学的兴起，这些工业机理又能够有效指导数据分析过程中的参数选择和算法选择，使其更加贴合工业生产的特点。因此，GE、西门子、博世等企业均将自身的工业经验知识进行提炼和封装，作为其工业互联网平台的核心能力与竞争优势。例如，GE 把以往由工程师智囊团完成的飞行数据分析工作“搬上”Predix 平台，专家在 Predix 平台的帮助下构建一个检测程序，根据航程的长短自动对比飞机起飞前后发动机的滑油量，实现滑油消耗的提前告警和运维，从而将其航空发动机领域的专业知识和经验转化为平台上面向用户特殊应用需求的专业服务能力。

**数据分析算法应满足工业大数据的特点。**如相关算法应该支持工业大数据“类型杂”的特点，工业系统常常依赖大量传感器产生的数据和复杂的产品数据，包括设计制造阶段的概念设计、详细设计、制造工艺、包装运输等各类业务数据，以及服务保障阶段的运行状态、维修计划、服务评价等类型数据，其中包含结构化数据、非结构化文件、高维科学数据、加工过程的时间序列数据等多种数据类型。另外，针对传感器产生的海量时间序列数据，工业系统要求大数据分析处理的速度更快，以满足设备自动控制的实时性和企业业务决策及时性的要求，这对分析平台软件提出了新的挑战。

**基于工业互联网平台，数据分析方法与工业机理知识正**

在加速融合，从而实现对复杂工业数据的深度挖掘，形成优化决策。上海隧道工程股份有限公司通过与寄云合作，借助平台采集工业检测设备中的各类图像、距离、位置、转速、倾角、压力、流量、扭矩、功率等全部数据，基于岩土知识、功率曲线、扭矩曲线、屈服强度等工业知识机理标记（或提取）异常信息，对历史数据进行特征提取与模型训练，再接入实时数据进行异常预警，从而解决盾构硬岩掘进机 TBM 在施工过程中遇到的难题，突破传统解决方案的极限。随着融合的不断深化，基于精确建模、高效分析、实时优化的数字孪生快速发展，实现了对工业对象和工业流程的全面洞察。东方国信基于非稳态、多相、多物理场的数值模拟仿真技术、热力学和动力学模型以及工业大数据分析技术等，建立虚实映射、实时监控、智能诊断、协同优化的数字孪生，实现对工业实体设计和工艺流程的仿真及优化，在炼铁、工业锅炉、水电、空压机、能源等多个行业或领域落地。

工业知识正在基于平台快速积累并实现高效传播与复用。通过数据积累、算法优化、模型迭代，工业互联网平台将形成覆盖众多领域的各类知识库、工具库和模型库，实现旧知识的不断复用和新知识的持续产生。借助这种方式，传统的分散于不同企业、不同系统、不同个体的工业经验将能够有效沉淀，并通过平台功能的开放和调用被更多企业共享。例如，索为SYSWARE平台通过打造统一的工程中间件，实现对各类知识经验、工业机理、算法模型的集成，目前已在航空、航天、船舶、兵器、核工业、电子等行业构建上百个工业知识库，知识条目量达500万以上，促进工业知识从师徒传承、书本传承走向知识自动化传承。

工业机理与数据科学深度融合正在引发工业应用的创新浪潮。一方面，对工业机理的深入理解是开展工业数据分析的重要前提，工业机理模型的禀赋程度成为平台竞争的核心资源要素。另一方面，大数据、人工智能等数据科学技术驱动工业数据分析能力跨越式提升，成为平台必备的关键技术要素。工业机理模型与数据科学正在加速融合，支撑复杂异构数据的高效处理，催生新的工业知识产生与复用，培育形成海量面向复杂场景的工业应用创新。

工业大数据应用成为领先企业智能化实施的重点方向，但数据模型及经验积累不足仍制约着全流程、全系统的综合应用发展。从表面上看，我国工业互联网平台发展与国际差距主要体现在工业软件的质量和数量不足，但本质上是制造技术和工业知识、经验、方法的沉淀不够，工业机理、工艺流程、建模方法等积累不足，算法库、模型库、知识库等行业机理模型缺失。

## 工业微服务创造全新平台价值

工业企业通过长期积累形成了大量的工业知识和经验，它们是工业领域的核心价值。工业巨头正把物理世界的工业机理转化为数字世界的算法和模型，再封装为平台上的微服务和工业 App，形成封闭的“黑盒”供开发者调用。开发者虽然可以使用“黑盒”的关键能力，但无法获取其中的工业机理。例如，GE 将其在航空发动机、燃气轮机、风机等领域长期积累的设备知识抽象为相关微服务，成为平台的核心资产。

微服务是以单一功能组件为基础，通过模块化组合方式实现“松耦合”应用开发的软件架构。一个微服务就是一个面向单一功能、能够独立部署的小型应用。多个不同功能、相互隔离的微服务按需组合在一起并通过应用程序接口（API）实现相互通信，就构成了一个功能完整的大型应用系统。以产品远程维护应用开发为例，可将其拆解为地理定位、运行状态可视化、油耗数据分析、关键部件寿命预测、操作记录、故障日志等多个微服务功能模块。

应用开发和微服务技术主要包括多语言与工具支持、微服务架构、图形化编程等技术，是工业互联网平台的核心，其主要目标是缩短软件开发时间，实现开发、部署以及运维的更大灵活性，为用户提供面向工业特定场景的轻量化应用。由于这些结构性、系统性问题的存在，传统单块架构下的应用越来越难适应工业互联网时代快速变化的市场需求。开发应用微服务技术，凭借复杂度可控、独立部署、技术选型灵活、容错、扩展等优势，以一种全新的架构设计模式，牵动了工业互联网应用从设计到运维整个流程方法论的变革。

多语言与工具支持技术是指工业互联网支持多种语言编译环境，并提供各类开发工具，构建高效、便捷的集成开发环境。例如，微软的云开发工具，支持开发者能够用多种编程语言工作，加强了非微软平台的多种语言扩展，还包括微软 Windows Azure 和 Visual Studio 之间的紧密集成。亚马逊致力于为其大多数数据开发者提供广泛使用的开发框架 Eclipse 上的支持，已经创建了一套工具集支持任何使用该云基础架构的 Java 开发者。

与传统整体式架构下开发的应用相比，微服务架构下的应用具有两个显著特点。**一是应用开发和维护的高度灵活性。**每个微服务可以由不同团队运用不同语言和工具进行开发和维护，任何修改、升级都不会对应用的其他部分功能产生影响，而整体式框架下的任何修改都有可能对整个应用产生意料之外的影响。**二是应用运行的去中介化。**不同微服务能够分布式并行执行，应用资源占用率相对被摊薄，且微服务间的数据和资源相互隔离，单个服务的故障只会导致单个功能的受损而不会造成整个应用的崩溃。

图形化编程是指通过类似 Labview 的图形化编程工具，简化开发流程，支持用户采用拖拽方式创建、测试、扩展应用等。与传统的代码编程软件相比，图形化编程有很多实质性的突破，可以快速进行各种编程，而且得到最为直观的图形，让人们在编程的过程中可以注意到内容的变化，并进行相关的测试来查看具体功能是否达到了想要的标准，这样的编程方式不仅节省了工程师的很多时间，而且打破了传统的规则，降低了编程的研究成本。

工业微服务实现了机理模型算法的模块化、软件化，支撑工业互联网平台中工业 App 的开发与运行。在工业互联网平台中，工业微服务正发挥着承上启下的关键作用。

一方面，基于不同行业、不同领域的经验知识所提炼出来的各类原始机理算法模型通常缺少对外调用的接口，也往往难以进行独立的调试、运行和升级，需要用工业微服务的方式将这些机理算法模型集成起来，封装成可以独立调试运行的单一功能或服务模块，以提升易用性和可维护性。

另一方面，在工业互联网平台中基于工业微服务模块开发工业 App，既能借助工业微服务并行开发、分布运行的特点，有效发挥平台海量开发者接入、资源弹性配置、云化部署运行等优势，又能够利用工业微服务独立隔离、灵活调用的特点，克服工业 App 所面临的快速运维、持续迭代、个性化定制等问题。

工业微服务的本质是经验知识的软件化和工具化，借助专业化的工具打造通用化的平台。工业互联网平台发展的核心目标是通过行业经验知识的积累沉淀和复用推广带动产业整体水平的提升，并打造繁荣、创新的开放价值生态。在此基础上，平台将原来处于企业内部的封闭性专业能力转化为面向行业和社会的通用化共享能力，实现在本行业乃至近似行业中的能力复制和应用推广，从而成为服务行业、服务区域的发动机和助推器。

工业微服务打破了工业知识封闭的传承体系。过去，工业领域中很多经验知识停留在老师傅、老专家的脑子里，由于个人精力和地域空间的限制，这些经验知识通常只能在很小的范围内发挥作用，而且还存在易出错、易流失、难推广、难传承等问题。如今，当这些老师傅、老专家将自己的经验知识用软件代码的方式固化下来，转化为平台中的工业微服务之后，由于平台所具备的积累沉淀和开放共享特性，这些经验知识就变成了整个企业、整个行业的宝贵财富，能够被更多人分享、学习和使用，创造出更大的价值。同时，新的专业技术人员还能够在充分消化和吸收原有知识的基础上实现进一步提升和创新，推动整个工业知识体系的传递延续和迭代更新。

工业微服务创造全新平台开放价值生态。随着工业互联网平台中微服务组件池的构建和行业经验知识的持续积累，整个平台既能够为广大第三方开发者提供众多低门槛、易操作、高效率的开发支持手段，形成以工业 App 开发为核心的平台创新生态，又能够为制造业用户提供以工业微服务为基础的定制化、高可靠、可扩展工业 App 或解决方案，形成以价值挖掘提升为核心的平台应用生态。最终，构建出以工业互联网平台为桥梁、以工业微服务为载体的相互促进、双向迭代的生态体系。

工业互联网平台发展的关键是要实现跨行业、跨领域知识经验的积累沉淀、固化封装和复用推广，打破传统工业封闭体系，打造开放创新生态。微服务架构为平台的知识转化和复用提供了最佳技术手段。算法、模型、知识等模块化组件能够以“搭积木”的方式被调用和编排，实现低门槛、高效率的工业 App 开发，驱动工业软件开发方式的变革，促进平台创新生态的形成，工业微服务能力的构建已经成为当前工业互联网平台发展的首要任务。

通过对工业知识、数据分析算法、工业机理模型进行服务化封装，工业互联网平台将逐步形成工业微服务组件库，支持灵活的组合和调用。微服务组件库的核心是企业在工业技术、知识、经验、模型等工业机理方面的积累与大数据技术的融合利用，提供了重构工业应用体系的新契机，当前对于工业微服务理念的整体适用性、效率、兼容性等都尚未明确，对于微服务组件库的实践尚需探索。

工业互联网平台的试验验证是推动平台性能优化、兼容适配、规模应用的关键手段，是加速技术产业成熟、打造协同创新生态的重要途径。通过建设跨行业、跨领域和特定区域、特定行业的试验验证体系，企业可以测试并提升工业微服务对基础共性领域通用知识的封装固化能力；通过工业互联网平台测试床开展融合性技术与创新解决方案的试验验证，企业可以测试并提升工业微服务对不同工业领域行业知识的沉淀复用能力。

## 软件定义世界

大数据的核心在于应用，在于优化资源配置效率，其关键在于，数据如何转化为信息，信息如何转化为知识，知识如何转化为决策，其背后都有赖于软件。软件是人类隐性知识显性化的载体。软件构建了一套数据如何流动的规则体系，正是这套规则体系确保了正确的数据能够在正确的时间以正确的方式传递给正确的人和机器，不断提高制造资源的配置效率，实现对设计、制造和服务全过程的智能化统筹，也为跨设备、跨系统、跨企业的高级分析决策和控制提供手段。工业软件作为一种工具、要素和载体，为制造业建立了一套信息空间与物理空间的闭环赋能体系，实现了物质生产运行规律的模型化、代码化、软件化，使制造过程在虚拟世界实现快速迭代和持续优化，并不断优化世界的运行。

软件定义是新工业革命的重要标志，通过软件定义推动技术进步和产业发展已在业内逐渐形成共识。同时，软件定义也是工业互联网的一个重要特征。软件定义主要体现在采用可编程的软件“诠释”实体的产品，并通过软件系统赋予产品更多的应用功能和使用价值，满足信息时代多样化的需求。软件就像人体的细胞，无处不在，它采集营养、消化吸收、转换能量、赋能肌体、吐故纳新，为人体的正常运转默默贡献着。工业互联网体系用“软件”为“硬件”赋能，增加其功能和价值，进而实现智能化，同时孕育新的商业模式。

软件定义正在向传统行业，特别是工业制造业转变，软件定义加速驱动制造业的数字化。在研发生产环节体现在生产知识的软件化，产品的设计、仿真、工艺、制造等技术和经验通过软件固化沉淀下来，使工业知识机理和专家经验以软件的形态得以沉淀、传播与复用。在运营管理环节，通过生产制造全流程的数字化实时地采集和分析数据，支持智能决策，使企业的生产运营与优化将更多地依靠软件解决方案，这使工业 App 成为趋势。软件同样被应用于产品服务环节，如 GE 于 2015 年发布 Predix2.0，实现对 35000 台航空发动机的全生命周期管理服务，目前已在全球建成 4 个云计算中心，创建超过 160 种工业 App。

全球诸多跨国软件企业一致认为，未来制造业将由软件支撑和定义。软件早已不再是过去的软件业，而是设备的软零件、软部件，并最终将发展成软装备。它不仅定义了产品的结构和功能，而且定义了企业的生产流程和生产方式。正如西门子所称："软件是工业的未来，数据是未来的原材料。"其软件研发费用约占整个集团研发费用的 40%。GE 预计，2020 年，工业互联网平台将出现类似于消费互联网平台的爆发式增长，Predix 平台工业 App 总量将达到几十万个。

AutoDesk 通过衍生式设计软件为空客设计了具有内部晶格结构的仿生隔断，比原来设计的结构重量轻 45%，这是软件在研发设计环节的应用。在生产制造环节，西门子于 2016 年推出 MindSphere 平台测试版，围绕高端智能装备和智能工厂运营，初步形成约 50 种工业 App，在北美和欧洲的 100 多家企业开始试用。

工业互联网平台将制造企业、供应商、消费者连接在一起，通过数据的挖掘利用和软件化的配置定义，推动从单个设备、生产线到制造企业的集成优化，从供应商、生产者到消费者的充分对接，打破企业的信息孤岛、整合产业链上下游、打通生产与消费，实现生产工艺从传统试错到模拟择优、生产载体从传统自动化装备到智能工厂、生产组织从分散式生产到网络化协同制造、生产方式从单一化大规模制造到用户体验式消费和产品个性化定制，实现制造企业质的飞跃。

在数据和软件的作用下，工业变革依托互联网，通过产业链、价值链上各单元、各环节间的重组与优化，将产生更多的创新应用模式和理念，驱动制造业转型升级。这主要体现在3个方面。一是生产组织服务化。在互联网思维与智能生产的系统框架中，按需生产、大规模个性化定制将成为常态，市场个性化需求被企业实时掌握，柔性、自适应的生产线将被广泛使用。二是制造能力软件化。基于产品的设计、工艺、制造、维护的流程等知识经验将通过特征提取的方式形成复杂系统模型并在工业软件中固化，同时企业的生产运营和决策将更多地依靠基于工业大数据分析的软件化解决方案进行优化。三是网上能力的聚集。在互联网的集聚和普惠效应下，研发能力、制造能力和市场资源不再是限制制造业发展的瓶颈，跨界、跨地区的企业之间将通过互联网平台形成能力聚集、优势互补、资源共享的智能生产大系统，在生产组织过程中相互联动，共同提升企业核心竞争力。

# 第四章

# 平台标准：引领制造业创新

工业互联网平台是工业全要素链接的枢纽与工业资源配置的核心，在工业互联网体系架构中具有至关重要的地位。当前工业互联网平台正处于发展初期，存在标准化缺少顶层指导，关键技术标准缺失、滞后等问题，亟须加快顶层设计，强化标准先行。开展工业互联网平台标准体系建设，不仅要明确总体思路、基本原则、体系框架和重点方向，更要支撑工业互联网平台的发展，引领工业互联网平台的建设和推广。

## 新型的标准体系

结合工业互联网平台功能架构，工业互联网平台标准框架可以划分为总体标准、共性支撑标准和应用服务标准三大类，如图 4–1 所示。

### 1. 总体标准

总体标准主要规范了工业互联网平台的总体性、通用性、指导性标准，包括术语定义、需求标准、架构标准、测试评估标准、服务管理标准、安全防护标准等。

（1）术语定义用于统一工业互联网平台的主要概念认识，为其他工业互联网平台相关标准中的术语定义提供依据和支撑。

（2）需求标准基于工业互联网平台应用场景的收集，提取工业互联网平台功能、性能、服务等需求，以指导平台架构设计。

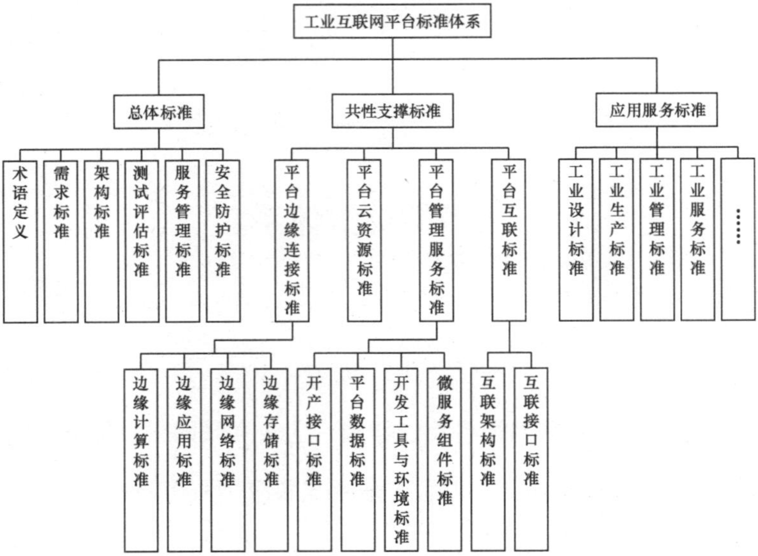


来源：中国信息通信研究院

**图 4-1　工业互联网平台标准体系**

（3）架构标准用以明确和界定工业互联网平台的范畴、各部分的层级关系和内在联系，包括工业互联网平台通用分层模型、总体架构、核心功能、不同层级和核心功能之间的关系，以及工业互联网平台共性能力的要求等。

（4）测试与评估标准用于针对工业互联网平台技术、产品的测试进行规范，用于对平台的运行部署和服务提供开展评估，包括测试方法、可信服务评估评测、应用成熟度评估评测等。

（5）服务管理标准用于规范工业互联网平台的建设及运行，工业互联网平台企业服务行为，包括工业互联网平台运行管理、服务管理等方面的标准，以及针对企业的管理机制。

（6）安全防护标准主要规范工业互联网平台的安全防护要求，包括工业数据安全、工业云安全、工业应用安全、平台安全管理等标准。

1）工业数据安全标准用于规范工业互联网平台承载的数据相关的安全要求，包括工业互联网平台数据采集、传输、存储、使用过程的安全要求，保障数据全生命周期的机密性和完整性。

2）工业云安全标准用于规范支撑工业互联网平台的工业云基础设施的安全要求，包括工业云的虚拟化安全、API 接口安全、计算及存储资源安全等。

3）工业应用安全标准用于规范工业互联网平台智能应用层智能化生产、网络化协同、个性化定制、服务化延伸等应用服务安全，包括支撑各种应用的软件、App、Web 安全等。

4）平台安全管理标准用于规范工业互联网平台相关的安全管理及服务要求，包括风险管理、责任管理、资产管理、运维管理、供应链管理、风险评估、安全评测、应急响应等相关要求。

### 2. 共性支撑标准

共性支撑标准主要规范工业互联网平台的关键共性支撑技术。包括平台边缘连接标准、平台云资源标准、平台数据标准、平台管理服务标准、平台互联标准等。

（1）平台边缘连接标准主要规范工业互联网平台在数据网关、智能模块等边缘设备中的相关计算、存储、网络、应用等标准。

（2）平台云资源标准主要规范工业互联网平台云基础设施相关技术，包括虚拟化的计算、存储和网络资源，以及基础框架（如 Hadoop、OpenStack、Cloud Foundry）、存储框架（如分布式文件系统 HDFS）、计算框架（如 MapReduce、SPARK）、消息系统等标准。

（3）平台管理服务标准主要规范工业互联网平台管理服务相关的标准，包括开放接口标准、平台数据标准、开发工具与环境标准、微服务组件标准等。

1）开放接口标准主要规范工业互联网平台在对用户提供服务时的开放接口能力，包括开发工具 API、微服务调用 API 等。

2）平台数据标准主要规范工业数据交换标准、工业数据分析标准、工业数据管理标准、工业数据建模标准、工业大数据服务标准等。

3）开发工具与环境标准主要规范工业互联网平台开发公共服务能力，包括应用开发工具标准、建模工具标准、开发运行支撑环境标准、服务调用与管理标准等。

（4）平台互联标准主要规范不同类型或不同领域平台间共享合作所需要的标准，包括互通架构、互通接口等标准。

1）互通架构标准主要规范不同平台之间对接的模式等要求，包括组网模式、结算模式、接口要求、服务质量等。

2）互通接口标准主要规范不同工业互联网平台之间的数据接口、应用接口等。

### 3. 应用服务标准

应用服务标准主要规范涉及工业企业生产、管理、服务等环节，如研发设计、生产制造、供应链和物流、产品运维等，规范内容包括服务功能、接口、配置等要求，以及面向垂直行业的应用服务，如设备状态分析、供应链分析等，包括服务功能、接口、配置等要求。

## 关键的标准化需求

标准体系是一项系统工程。在构建工业互联网平台综合标准体系的过程中，首先需要明确不同维度的标准化需求，按照不同视角进行系统分析，全面理解和把握所有相关方对这个系统问题的关注点。

### 1. 业务视角下的标准化需求

从业务视角梳理工业互联网平台各相关方共同的业务愿景和应用价值，总结为以构建新型工业基础设施、培育核心竞争力和推动业务转型升级为业务愿景，实现资源聚集共享、生产管理优化、设备健康管理、协同设计制造、制造资源租用等应用价值，如图 4–2 所示。

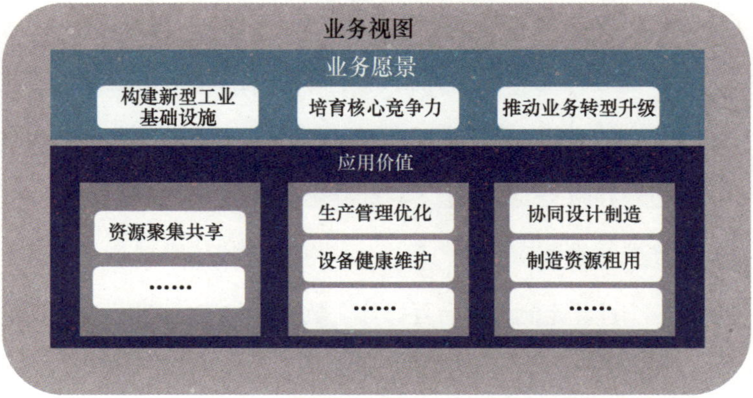


来源：中国电子技术标准化研究院

图 4-2　业务视角下的标准化需求

构建新型工业基础设施是工业互联网平台的基础业务愿景，通过提供各类资源泛在连接、弹性供给、高效配置的平台，为各类创新应用和新型商业模式提供资源保障。其标准化需求聚焦在资源开放共享和互联互通等方面，包括数据资源、软件资源、制造资源、仿真环境等资源的开放共享要求，通信协议、数据交换、接口规范等互联互通要求。

培育核心竞争力是工业互联网平台的核心业务愿景，通过工业互联网平台的应用，企业缩短了产品生产周期、提高了设备利用率和生产效率。其标准化需求聚焦在业务流程优化、资源利用等方面，包括制造过程可视化、业务跨平台集成、数字化工厂、设备健康维护、自动化运维等。

推动业务转型升级是工业互联网重点支撑的业务愿景，通过互联网平台的应用，企业实现了更大范围、更高效率、更加精准的优化生产和服务资源配置。其标准化需求聚焦在实现业务协同、增强生产灵活性和应变能力等方面，包括建模仿真规范、业务协同规范、个性化定制、平台互操作、数据可移植、应用可移植等。

## 2. 用户视角下的标准化需求

用户视角下的标准化需求包括平台关联方、平台客户和平台提供方，如图 4–3 所示。

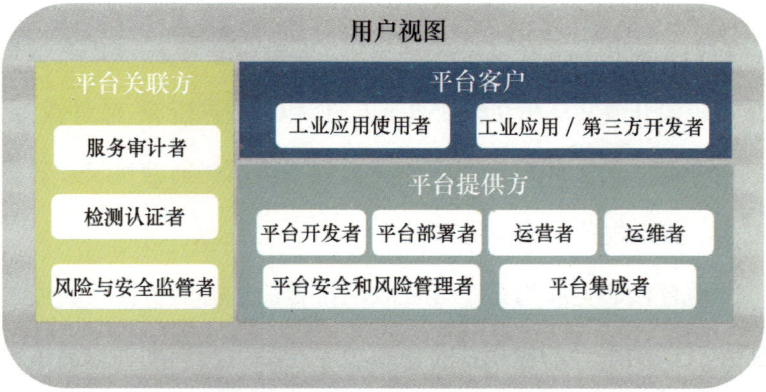


来源：中国电子技术标准化研究院

图 4-3　用户视角下的标准化需求

平台提供方为平台客户提供工业互联网平台，并负责平台的运维、安全管理等。其标准化需求聚焦在平台的开发和部署、运营和运维、平台集成、安全和风险管理等方面，包括平台的功能和质量要求、通用组件管理、平台运行维护、平台治理、商业服务和市场行为规范、计量计费和交易规范、接口规范、集成能力要求、风险和安全管理规范等。

平台客户包含工业应用使用者和工业应用 / 第三方开发者两类子角色。工业应用使用者使用工业互联网平台上的工业应用或微服务以支撑其工业活动；工业应用 / 第三方开发者基于工业互联网平台上提供的开发工具或开发环境实现部分平台功能组件的开发，以供其自身或其他工业应用使用者使用。其标准化需求聚焦在工业应用开发过程、平台选型、服务规范、应用指南等方面，包括工业应用的质量要求、工业应用评估和测试要求、平台功能和性能要求、工业知识管理、工业服务能力要求、工业服务的计量计费、平台应用指南、应用绩效评价等。

平台关联方一般作为第三方负责平台的审核和监管。其标准化需求聚焦在平台的审计、检测认证、分析与安全监管等方面，包括审计的过程规范和技术要求、度量和测试规范、评估评价规范、风险评估、安全监管等。

### 3. 功能视角下的标准化需求

具体如图 4–4 所示。

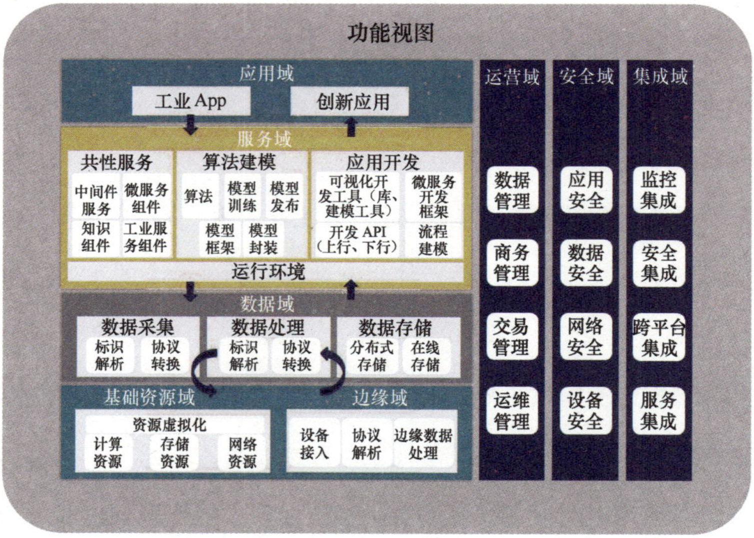


来源：中国电子技术标准化研究院

图 4-4　功能视角下的标准化需求

基础资源域为整个工业互联网平台提供计算资源、存储资源和网络资源。其标准化需求聚焦在资源管理、资源虚拟化等方面，包括网络和通信管理、设备管理规范、存储和备份技术、虚拟化技术等。

边缘域为工业互联网平台提供工业设备和其他制造资源的

管理和接入。其标准化需求聚焦在设备接入、协议解析、边缘数据处理等方面，包括接口规范、协议规范、互联互通技术、边缘计算、边缘数据处理和使用要求、感知技术等。

数据域负责对工业互联网平台的数据进行管理。其标准化需求聚焦在数据接入、数据处理、数据存储等方面，包括数据采集规范、接口和数据接入规范、数据格式要求、标识解析、协议适配、数据质量要求、数据治理和应用要求、数据存储、备份要求等。

服务域为应用域提供共性服务、算法建模、应用开发等支撑。其标准化需求聚焦在微服务框架的建立、基础模型和算法建模、微服务组件的开发和应用、工业应用开发工具的部署和使用等方面，包括微服务架构要求、微服务组件开发与封装要求、工程中间件要求、工业微服务组件库要求、工业软件云化、工业App开发工具和接口、开放接口（OpenAPI）、开源实施指南等。

应用域面向特定行业、特定场景提供各类工业应用。其标准化需求聚焦在工业App研发和应用等方面，包括工业App的需求分析、设计、开发、测试、使用等生存周期过程以及相关的质量要求、产品要求、评估评价要求等。

集成域实现工业互联网平台跨功能域集成能力和跨平台集

成能力。其标准化需求聚焦在异构消息的转换适配、面向服务的架构（SOA）、可移植和互操作等方面，包括标识解析规范、协议规范、平台互操作、数据可移植、应用可移植等。

运营域负责工业互联网平台的日常运营。其标准化需求聚焦在平台要素运维管理和平台运营等方面，包括资源和性能监控、事件跟踪管理、应急管理等运维要求，商务服务规范、市场行为规范等商务管理要求，交易规范、计量计费规范等交易管理要求等。

安全域负责工业互联网平台的安全防护和管理。其标准化需求聚焦在应用安全、数据安全、网络安全、设备安全等方面，包括产品服务安全、API 安全等应用安全要求，数据的可用性、完整性和保密性等数据安全要求，安全传输、访问控制、加密通信等网络安全要求，网络设备安全、防护产品安全等。

## 创新的标准路径

当前，工业互联网平台尚处于发展初期，工业互联网平台标准缺失，同时人工智能、边缘计算、微服务等新技术、新理念不断被引用，跨界融合与全球竞争正在加剧，对工业互联网平台标准化提出了很多新的挑战。

从全球来看，工业互联网平台凭借其对数据、服务、用户等各种资源的汇聚作用，成为产业界关注的焦点，制造企业、互联网企业和传统信息通信企业纷纷推出各自的工业互联网平台产品，业界尚未形成公认的工业互联网平台标准，面向工业需求的平台的功能、接口、数据管理与服务、性能、安全可信等方面的要求尚不明确。我国工业互联网标准化还处于刚刚起步阶段，亟须加快标准化进程，协同推进国内、国际标准的制定。

从实际情况来看，很多企业的工业互联网平台是按照各自的技术体系构建的，平台体系架构、应用App、运行服务、系统互操作和接口、安全等相关操作并未形成统一的标准规范，这在很大程度上影响了工业互联网平台测试验证、监测评估服务的发展。由于基础架构、标准规则都不统一，对平台服务可靠性、易用性、安全性、数量迁移能力和计量准确性等方面的认证标准就难以建立，对服务能力和服务质量的评价标准也没有依据可循，一定程度上阻碍了工业互联网平台能力的提升。

未来，工业互联网平台标准化的重点方向包括以下3个方面。

**一是明确标准研制的主要趋势，开展重点领域技术标准的研制。**开展两级新型标准体系建设，一类是政府主导制定的标准，侧重保基本，如参考架构、互操作和可移植、平台能力、测试评估以及平台安全等通用性强、基础支撑作用明显的国标、行标和地标；另一类是市场自主制定的标准，侧重提高竞争力，鼓励具备相应能力的学会、协会、商会、联合会等社会组织和产业技术联盟协调相关市场主体共同制定满足市场和创新需要的标准，供市场自愿选用，增加标准的有效供给。例如，在平台数据标准方面，研制工业数据交换、分析、管理、建模与大数据服务等标准，实现数据的有效管理与工业要素的一致描述。在开放接口标准方面，研制开发工具 API、微服务调用 API 等标准，保证开发者对平台功能的高效调用。在平台互联互通标准方面，探索开展互通架构、数据接口、应用接口、服务对接等标准研制，实现不同类型或不同领域平台间的共享合作。

**二是开展工业互联网平台标准制定及试验验证工程。**工业互联网平台是互联网资源与工业系统资源对接的枢纽，是信息技术（IT）与运营技术（OT）跨界融合的关键基础设施，其技术标准制定需要垂直行业领域、信息通信领域（ICT）、工业领域专家协作开展。工业互联网平台的迭代创新，应充分发挥标准化技术组织以及 AII 等组织的产业生态纽带作用，促进“产、学、研、用”跨界融合深度协作形成产业协同合力，同步推进工业互联网平台标准内容的试验验证，推进工业互联网平台技术标准、产品、系统和应用的试验验证环境建设，推进标准管理服务平台建设，加快工业互联网平台各类标准及产品的推广应用。

**三是引导产业积极参与国际标准化工作。**积极引导我国科研院所、工业互联网平台建设运营企业、智能设备研发企业等工业互联网平台生态体系利益攸关方，积极参与国际标准化组织、协会、联盟的标准化工作，加强与国际领先工业互联网平台企业、国际组织的交流与合作，共同制定工业互联网平台服务标准规范和国际规则，在多边、民主、透明的工业互联网国际治理体系下，推进全球工业互联网平台有序、健康发展。

# 第五章

# 平台发展：机遇与挑战

在工业互联网的实践中，西门子、PTC等行业巨头基于各自的优势，从不同层面、不同角度搭建了工业互联网平台。工业互联网平台虽然发展时间不长，但已经取得了一些进展，正积极探索技术、管理、商业模式等方面的规律，呈现迅速扩张的趋势。

现有企业可以用平台的思维方式思考自身的产业，可以打造实现自己价值创造的生态系统。本章主要介绍工业互联网平台的总体发展现状，对国内外平台进行比较，并描述了平台的最新进展。

## 平台发展态势

工业互联网平台的理念和重要性逐渐被产业界认识，全球推出一系列工业互联网平台产品，自 2012 年 GE 提出工业互联网概念，工业互联网平台市场在数量、行业、地区等各个维度上的规模不断扩大，展现了巨大的发展潜力。当前，国际上工业互联网平台发展主要体现为 5 个聚焦。

### 1. 聚焦平台

在德国工业 4.0、美国工业互联网推进过程中，企业主要聚焦在工业互联网平台的构建。继 GE 推出 Predix、西门子推出 MindSphere 之后，ABB、施耐德、SAP 等其他企业纷纷推出自己的平台产品。例如，领先自动化企业 ABB Ability 平台承载 180 多种行业解决方案，罗克韦尔 Scio 平台可在边缘、厂内、云端等企业各个层面提供分析服务，施耐德 EcoStruxure 平台推动 4000 多家工业系统集成商将行业知识转化为工业 App。工业软件巨头 SAP 将原 HANA 升级为涵盖边缘计算、大数据处理与应用开发功能的 Leonardo 平台，PTC 基于 Thingworx 平台打造海量设备接入与模型构建能力。

### 2. 聚焦企业“云化”

国外企业构建平台的目的是通过“云化”方式，开放自身的经验能力和业务系统，形成新的业务能力。一是在云端整合内部业务系统和工业应用，打造统一平台，强化内部资源管理能力。二是将平台连接到产业链上下游企业，实现服务型制造与网络化协同制造。三是将平台与用户连接，实现体验式消费、个性化定制。四是将平台向社会开放，吸引第三方开发者和合作伙伴，形成平台开放生态。GE 提出三步走的平台发展路径，即“服务自身（GE for GE）、服务用户（GE for Customer）、服务社会（GE for Society）”。

### 3. 聚焦工业 App

国外企业普遍认为，工业 App 是拉动工业互联网平台能力建设、实现网络持续优化的引擎。丰富的工业 App 可以满足工业领域的多场景业务需求，进而为平台功能提出指引，实现工业应用与平台建设的双向迭代和持续改进。目前，GE 打造 Predix.io 开发者社区，与苹果合作构建开发者生态。西门子启动“火箭俱乐部”全球初创企业计划，推出 MindSphere 3.0，强化工业 App 开发与应用服务能力。

### 4. 聚焦“操作系统”

国外企业认为平台是工业互联网的“操作系统”，是保持未来竞争优势的关键。GE、西门子等大型企业通过增加投资、兼并企业、业务重组等方式，正在构建一个向下接入海量设备、自身承载工业知识与微服务、向上支撑工业 App 开发部署的“操作系统”。西门子把 MindSphere 定位为基于云的工业操作系统。GE 将 Predix 类比为工业领域的“Android 系统”，7 年来累计投入 40 亿美元，先后收购了一批工业软件企业，目前 Predix 承载 300 多个资产和流程模型、190 多个工业微服务，形成了高复杂设备管理与应用开发能力。

### 5. 聚焦产业联盟

美国工业互联网联盟（Industrial Internet Consortium，以

下简称“IIC”)、德国工业4.0平台的作用和地位日益凸显，行业号召力越来越强。IIC从最早的5家发起者，发展到目前的268家，已经成为全球工业互联网发展的旗帜。在工作机制方面，IIC每季度召开为期4天的工作组会，通过线上专题研讨、线下主题展览，整合各方资源，形成推进合力。在工作抓手方面，IIC推动建设了29个测试床，发布了45个应用案例，以平台为核心搭建全场景的技术和商业模式试验测试环境，推进形成标准化解决方案。在国际合作方面，IIC和德国工业4.0平台成立联合工作组，共同推动参考架构对接和国际标准制定。海尔、华为、中兴、万向等10余家国内企业加入了IIC。

不同于全球市场“两强”明显的格局，国内平台市场百花齐放而非一家独大，主要有4个方面的特点。

### 1. 平台企业加快与国际对标

典型平台企业持续对标GE、西门子，不断丰富既有平台功能，主要体现在：航天云网强化设备连接与工业App开发等平台功能，推动云制造平台升级为INDICS工业互联网平台；三一重工基于多年互联网积淀孵化并独立出全新的“根云”工业互联网平台；海尔将“人单合一”生产模式落地为 COSMOPlat 工业互联网平台。

### 2. 大企业加快平台化转型

大企业纷纷跟进平台建设，不断推出平台产品，如装备自动化企业和利时、浙江中控从自身的核心产品能力出发推出 Hiacloud、SupOS；生产制造企业美的、徐工集团将自身的数字化转型经验转化为平台服务，推出美云智数、徐工 Xrea；工业软件企业用友、东方国信加强平台化的数据汇聚与处理能力，推出“精智”、Cloudiip；信息技术企业华为、浪潮发挥 IT 技术优势将已有平台向制造领域延伸，推出 OceanConnect、M81；互联网企业阿里巴巴、腾讯在其云服务基础上叠加工业解决方案，构建“工业 ET 大脑”等平台。

### 3. 中小企业加快“上云”

2017 年以来，广东、上海、浙江、山东等地纷纷出台政策，加大支持力度，推动中小企业上云。广东引进阿里巴巴、树根互联、航天云网等平台企业落户，建设“工业互联网产业生态供给资源池”，并通过“云服务券”调动工业企业上云积极性。

江苏苏州推动紫光工业互联网平台 UNIPower 落地，实现园区企业整体上云；常州依托航天云网 INDICS 平台，推出面向长三角的工业互联网公共平台，上线一周内就有 600 多家工业企业上云。内蒙古携手东方国信，以和林格尔新区为基地，打造本地化的工业互联网和工业大数据基地。

### 4. 联盟作用日显重要

截至 2018 年 9 月底，联盟成员已突破 800 家，发布了一系列研究成果。AII 成立了工业互联网平台特设组，编制发布《工业互联网平台白皮书》，凝聚行业共识。联盟设立了 14 个平台测试床，开展平台技术与模式的试验测试。联盟推动制定工业互联网平台标准，形成平台标准体系框架。联盟推动平台企业技术服务能力与地方制造企业升级改造需求的对接，促进产业合作。

中国既拥有全球规模最大的制造业和最为完备的工业体系，又有强大的信息技术产业和活跃的互联网创新生态，二者的交汇融合带来了多元化的发展模式和推进路径，业务创新非常活跃，这是我国工业互联网发展突出的特色。制造业出于转型升级的需要，不断吸纳信息技术，以生产系统的智能化为出发点，由工厂内向工厂外推进，进行了渐进、改良、升级式的实施探索；同时，互联网和IT企业通过创新商业模式，由工厂外向工厂内渗透，试图变革、颠覆、重构已有的工业场景。简单来说，庞大应用场景带来的多元化模式和路径是我国工业互联网发展的最大特色。

总体来看，我国工业体系完备，制造企业数量多且发展转型需求强烈，互联网产业优势明显。庞大的专业人才队伍具备加快建设工业互联网平台的基础和优势。并且我国工业互联网平台起步并不晚，已经诞生了一些特色的平台服务模式，如工业互联网与金融结合，解决中小企业贷款难问题；工业互联网与保险结合，解决设备保险问题等。然而，我国在工业知识的软件化与平台化能力方面与国际领先平台的差距明显，且我国工业发展的不平衡问题突出，许多企业需要同时解决工业2.0和3.0的问题，因此，我国平台建设还面临很大的挑战。

# 平台发展现状

目前，我国工业互联网平台建设总体与国际同步发展，在平台建设、工业 App 培育、平台应用和联盟生态等方面取得了初步进展。

一是推动建设了一批面向垂直行业和细分领域的工业互联网平台，平台功能和价值显著提升。二是一些平台企业和初创企业开发出新型工业 App 并实现商业化应用。三是中小企业加快上平台、用平台，工业互联网平台成为地方政府推动企业上云的重要抓手。四是产业联盟快速发展，平台生态体系加快形成，如工业互联网产业联盟成员已突破 800 家，发布了一系列研究成果，形成了一批测试床和应用实例，不断推进工业互联网平台的技术创新与应用推广。

## 1. 政策助力平台革命

2017年国务院常务会审议通过《深化“互联网+先进制造业”发展工业互联网的指导意见》，提出“要支持有能力的企业发展大型工业云平台，推动实体经济转型升级，打造制造强国、网络强国”，将加快培育工业互联网平台作为首要任务，将平台作为工业互联网建设的核心内容。《意见》从“建平台”和“用平台”两个角度，提出平台发展的总体目标。

2018年，夯实工业互联网平台生态基础，培育5个跨行业、跨领域的工业互联网平台，培育一批云化工业软件和面向特定行业、特定场景的新型工业App，建设多层次工业互联网平台试验验证体系，打造40个工业互联网平台融合应用试点示范项目，形成一批工业互联网平台开发者社区。

2020年，建成工业互联网平台体系，培育10个左右跨行业、跨领域的平台和一批支撑企业数字化、网络化、智能化转型的企业级平台。培育30万个面向特定行业、特定场景的新型工业App，推动30万家工业企业应用工业互联网平台，打造150个工业互联网平台集成应用试点示范项目，工业互联网平台对产业转型升级的基础性、支撑性作用逐步显现。

到2025年，重点工业行业实现网络化制造，工业互联网平台体系基本完善，形成3～5家具有国际竞争力的工业互联网平台，培育百万个工业App，实现百万家工业企业上云，形成“建平台”和“用平台”双向迭代、互促共进的制造业新生态。

2018年政府工作报告明确指出“发展工业互联网平台”。可以说，工业互联网平台成为我国制造强国和网络强国建设的重要内容，推动互联网、大数据、人工智能和实体经济深度融合的关键抓手。

在工作部署方面，一是制定出台《工业互联网平台建设及推广指南》，组织开展工业互联网平台发展情况调查和评估，加强工业互联网平台宣贯培训、试点示范和经验推广，协同推进平台发展。二是加快工业互联网平台培育，围绕数据集成、平台管理、开发工具、微服务框架、建模分析等关键技术瓶颈，发挥骨干企业与科研院所的核心作用，培育5个左右跨行业、跨领域的工业互联网平台，建成一批能够支撑企业数字化、网络化、智能化转型的企业级工业互联网平台。三是开展工业互联网平台试验验证，支持龙头制造企业、互联网企业、科研院所、高校等合作共建一批面向重点行业和区域的工业互联网平台测试床，开展技术验证与测试评估服务，规范平台发展秩序，推动平台功能不断完善，加快平台落地应用。四是推动百万家工业企业上云，鼓励工业互联网平台在产业聚集区落地，推动制造业数字化、网络化、智能化改造，加快智能产品、生产装备、研发工具、运营系统、能力交易等数据和业务系统上云，推动地方政府通过财税支持、政府购买服务等方式鼓励中小企业业务系统向云端迁移，实现“建平台”与“用平台”双向迭代、互促共进。五是培育百万个工业 App，支持软件企业、工业企业、科研院所等开展合作，在重点行业领域逐步培育约 100 万个面向特定行业、特定场景的工业 App，壮大工业互联网平台产业。

### 2. 企业积极行动，构筑竞争新优势

国内企业也已经开始了平台的探索实践。2017 年，航天云网 INDICS 平台、三一根云平台、海尔 COSMOPlat 在 AII 正式发布。目前，我国已有近 30 家企业发展工业互联网平台相关产品，企业主体包含装备制造企业、自动化技术企业、信息通信企业、互联网企业、大数据服务商等。平台应用已涉及汽车、石化、航空航天、机械制造、家电、船舶、信息电子等关键工业领域。

当前，我国工业互联网平台发展呈现三大模式。

**一是面向工业领域，以制造行业经验为基础布局平台。**树

根互联根云、海尔 COSMOPlat、和利时 HiaCloud 等工业互联网相关平台密集推出，面向运营优化形成一批成功应用案例。海尔于 2017 年正式推出 COSMOPlat，实现规模化个性定制模式的快速赋能。当前，COSMOPlat 已经聚合全球 280 多万个设计资源，实现非家电类产品创新设计 19 类，为近百家外部公司提供了创新设计服务，产品开发 100% 用户参与设计，交付周期缩短 50% 以上。三一重工于 2017 年发布树根互联根云平台，提供面向设备运维管理的解决方案和服务，目前已实现约 30 万台机器设备的远程接入和 5000 多种运行参数的实时采集，覆盖 26 种类型的高空作业车地理位置信息、工况信息的采集，为其提供资产管理、智能服务管理、决策支持等功能。

**二是以行业资源整合为依托布局资源协同平台。**我国互联网领域的基础优势促进资源协同优化类平台创新活跃，涌现出一批新模式新业态，成为我国工业互联网平台发展的突出亮点。沈阳机床于 2016 年发布 iSESOL 平台，接入分布在全国各地的 i5 数控机床，根据订单智能匹配产能。航天云网于 2015 年上线 INDICS 平台，目前平台注册用户已突破 61 万家，平台整体成交金额超过 300 亿元，开放 126 款大型高端工业软件、3000 余项设备设施及数万项技术标准、知识产权及专家库等资源。航天云网于 2016

年发布协作采购需求超过 1000 亿元，成交 300 多亿元。

**三是基于信息化技术构建通用使能平台。**阿里巴巴、腾讯、华为、百度、中国电信等信息通信巨头企业，在云计算、大数据、物联网、人工智能等方面创新活跃，并逐步拓展平台的工业互联网功能。例如，华为于 2016 年发布了 OceanConnect 平台，提供丰富的生态 API 和系列化 Agent 软件，实现应用与终端解耦合。当前平台已经发布超过 170 个 API 接口，帮助集成商和开发者实现强大的安全连接、数据按需获取和个性化用户体验，聚合超过 80 个合作伙伴，共同构建智能家居、车队管理、农机预防性维护、智能水务等 10 多个解决方案，集成传感器 200 多个。

当前，全球工业互联网平台正处于规模化扩张的战略窗口期，市场竞争格局未定。我国拥有完备的工业体系、创新引领的互联网生态、庞大的专业人才队伍，蕴含着超大规模的工业互联网应用市场需求，具备加快建设工业互联网平台的基础和优势。我国应发挥大国大市场体制机制优势，紧紧抓住市场应用这个“牛鼻子”，充分调动各方资源，突破一批平台核心短板，以大规模应用推动技术、产业在快速迭代中不断完善，逐步形成平台从探索到成熟的螺旋上升、自循环发展的良性生态，培育出若干世界级的工业互联网平台。

# 平台发展启示

发展工业互联网，构建全要素、全产业链、全价值全面连接的新型工业生产制造和服务体系，是建设现代化经济体系、实现高质量发展的关键支撑和核心载体。我国发展工业互联网平台有 4 个方面的启示。

**一是工业互联网平台的建设不可一蹴而就，需要专注于特定优势领域循序渐进式发展。**工业互联网平台建设既要具备较强的行业积累，也要有能力整合和使用各类新兴信息技术，其发展具有复杂性和艰巨性，必须做好长期发展的准备。工业互联网平台企业不能一味地追求跨行业、跨领域的“工业操作系统”，应立足优势、有所聚焦，率先打造特定行业、特定区域平台为产业创造价值，才能获得生命力。

**二是工业互联网平台的建设目标不是建设几个相对独立的**

平台，而是形成多个平台相互连接、相互套嵌的平台体系。发展工业互联网平台不是建设几个平台，而是要建设涵盖生产全环节、全流程的一系列平台，平台之间相互连通、相互嵌套，共同组成了工业互联网平台体系。当某一个平台具备了连接多个平台的能力，就成为跨行业、跨领域的平台。

**三是工业互联网平台的建设要与应用创新并举，从行业需求出发推动平台做深做实。**从国外领先的工业互联网企业实践来看，企业应着力打造平台与应用的紧耦合关系。平台需要通过培育应用，解决特定工业场景下的业务痛点问题，将行业知识与平台业务相结合，在此特定行业、特定领域基础上逐步向更多领域拓展，实现良性发展。

**四是工业互联网平台的建设需要多方合作，打造开放共享的创新生态体系。**工业互联网需要高额持续的投入和长时间的积累，我国在缺少巨头企业的情况下，更应该通过分工合作实现优势互补，形成发展合力。在发展的过程中，企业需要以更开放的合作心态和更灵活的商业策略，打造更具活力的生态体系，推动工业互联网应用落地。

# 平台发展展望

对我国而言，工业互联网平台的应用还处于初级阶段，未来平台将向深层次演进，将在物联与互联全面打通的基础上实现复杂的分析优化，从而不断推动企业管理流程、组织模式和商业模式创新，最终将具备全社会资源承载与协同能力，通过全局性要素、全产业链主体的重新组织与优化配置，推动工业生产方式、管理模式和组织架构的变革。

## 1. 工业互联网平台促进制造业产业链价值持续提升

目前，工业互联网在产业链中的作用不局限于产业链中的价值传递，而是更加注重价值创造，并在企业中从营销、服务等产业链下游逐渐向设计、制造等产业链上游延伸，促进制造业价值链的优化提升和体系重建。

工业互联网平台将全产业链各个环节连接起来，加速各环节数据在产业链中的流通和传递，并基于平台深层分析数据的能力，实现智能机器设备的远程操控和智能运转，为企业提升生产效能、优化生产流程、创新生产方式产生了极大的促进作用。例如，某企业通过工业互联网平台将生产数据整合与管理，通过数据挖掘尽可能地捕捉影响生产决策的隐性数据，如不同加工材料造成的不同的运转性能磨损、零部件的偶发失效、静止机器突然大功率启动时发生的摩擦损耗等，在数据分析的基础上开展预测，采用预防控制策略降低决策成本和维修成本。

### 2. 工业互联网平台驱动企业从个体生产向协同创新转变

工业互联网平台为不同规模、不同环节、不同位置的企业搭建了信息共享与集成平台，使企业能够在全球范围内迅速发现和动态调整合作对象，整合企业间制造资源、发挥合作创新的优势，在产业链不同环节实现企业从个体生产向协同创新方向的转变。协同创新表现在以下 3 个方面。

一是制造企业以品牌为核心，通过工业互联网平台整合供应链资源、统筹上下游企业优势，以企业扁平化为基础实现产品全生命周期，推动制造产业链向下游不断延伸。例如，在ARJ21支线飞机研制的项目中，商飞公司采用“主制造商+供应商”的管理模式，组建了项目广域协同平台，联合全球10多个国家、104家供应商，进行飞机的协同研发与制造。宝钢构建了基于工业互联网的制造全流程管理体系，使企业的信息流、物流、资金流的协同，产品交货时间，供应链管理水平等位于全球领先地位。

二是制造企业以技术创新为引导，通过工业互联网开放平台将政府、科研、创客等方面的资源整合，建立从理论研究、技术开发到产业化应用的创新链体系，突破企业创新中的孤岛局限，实现创新主体和各环节的有机互动，为“大众创业，万众创新”奠定重要基础。例如，美国制造业创新网络以创新平台为主体，建立了先进制造技术创新研究中心，开展产业共性技术研究并快速将其投入市场应用，为形成具有先进制造业能力的创新集群提供驱动力。

三是信息服务企业以提供制造服务为核心业务，通过工业互联网云平台统筹软硬件企业、专家、知识、技术等各类虚拟化制造资源，在统一、集中的智能管理和运营基础上开展面向覆盖制造企业、用户以及产品全生命周期的云制造服务。具体运作模式为企业、用户根据制造任务向云制造平台提出任务请求，通过平台对请求的分解、调度、优化和组合，将最优化匹配的整体解决方案提供给使用者，实现制造资源和工业软件、研发设计等服务的按需供给、即买即得。随着工业互联网平台云服务升级、大数据中心资源整合逐步开展、制造企业私有云稳步推进、投融资体系持续跟进，面向制造的工业互联网将进一步扩大规模、形成具备创新发展能力的集群，成为工业互联网新兴产业的战略性重要支撑。

### 3. 工业互联网从制造业向经济社会的全方位渗透

如今，智能设备如智能手机、移动式平板电脑、智能机器人智能电视、智能可穿戴设备等不断发展，通过智能感知、在线分析和实时通信实现设备的可追溯、可识别和可定位，目前已广泛应用于经济社会的各行业中。因此，这些智能终端在社会各方面的应用中实际变成了工业互联网平台的网络终端，以制造业为典型模型，推动其他传统产业、各个领域不断与工业互联网平台结合，以追溯、识别、定位和数据分析为技术支撑不断发掘产业增值服务环节和内容，大力创造新业态、新市场，重塑经济社会发展模式。对能源企业而言，工业互联网平台实现了能源消耗的可监控、可追溯和可管理，降低了能源供给方面的开支，提高了能源的使用效率；对合同能源管理服务提供商而言，工业互联网平台整合了能源相关实时数据的存储、分析、可视化管理等服务资源，降低了开发、建设和运营成本，促进效益最大化；对政府及金融机构而言，工业互联网平台提供了能源生产和消费的实时动态信息，为实行有效监管和调控提供了真实透明的数据支撑。未来，工业互联网平台还将在节能量监测、节能技术改造、节能企业核算和评价，以及碳交易的开展等领域开拓更多的应用，创造更多经济和社会价值。

总体来看，工业互联网平台是新一轮科技革命中创新最活跃、交叉最密集及渗透性最强的领域，正在加速与制造、能源、材料、生物等领域的融合创新，引发多领域的系统性、革命性、群体性技术突破，驱使人类智能迈向更高境界。工业互联网平台正在推动产品、装备、工艺、管理和服务的智能化步伐不断加快，推动形成新的创新体系、生产方式和产业形态，酝酿智能制造、柔性制造、绿色制造、服务型制造、数字经济、平台经济、共享经济等新模式和新业态。在平台的支撑和驱动下，制造业转型加速迈向更广范围、更深层次和更高水平。

# 下篇：

## 平台聚能

# 第六章

# 面向生产管控的平台应用实践

生产管控是对生产过程中各要素的管控，包括生产现场、生产人员、生产设备（工装）、生产物料及生产质量5种管控。在制造业，生产管控一直都是企业的核心管理内容。生产管控能力的高低决定了企业实际生产能力的高低，特别是当本订单或不同订单间的产品特征变化较大时，其生产管控的难度会大大增加。工业互联网平台能够有效采集和汇聚设备运行、工艺参数、质量检测、物料配送和进度管理生产现场的数据。数据通过分析和反馈后，可以在设备维护、制造工艺、运营管理、质量管理等具体场景中优化应用。

在设备优化场景中，工业互联网平台可以采集生产设备的制造工艺、运行状况等数据信息，部署生产设备运维和管控相关的工业App及系统解决方案，开展设备的状态监测、能效监测、异常报警、健康诊断、优化调控、智能维修等服务，降低设备运行能耗，提高设备运维效率，实现生产设备全生命周期的健康管理。

在工艺优化场景中，工业互联网平台可以以数据互联的形式将实时的制造数据采集汇总，然后将车间设备、人员、工艺、质量等海量数据通过智能算法，精准分析出与生产质量相关的关键参数，发现影响制造质量的关键环节，给出面向全生产过程的最优参数，进一步提高企业的制造品质。

在运营优化场景中，工业互联网平台通过对生产进度、现场能耗数据、物料管理、企业管理等数据的分析，提升排产、进度、物料、人员等方面的管理准确性，对设备、产线、场景能效使用等进行合理规划。工业互联网平台通过对工厂内各类设备耗能状况以及能源产、输、转、耗全过程的监控和分析，实现工厂全局性的能耗优化。

在质量优化场景中，工业互联网平台中的边缘计算服务器在检测端通过深度学习的方式弥补了机器检测与人工历史检测在经验方面的不足，其强大的计算能力可以进行模式识别等复杂计算，从而保证机器检测的有效性和一致性，自动化工厂最终实现产品质量的全机器检测，提高产品检测效率，降低产品的不良率。

### 专家点评

对制造型企业来说，生产管控的关键环节在于信息的共享、组织的有序和关键点的控制。组织的有序依赖于业务流程的梳理和优化、简单的设计、有效的流程以及数据的传递机制，保障工序及时衔接。工业互联网平台可以及时反馈设备、在制品状态等信息，及时组织生产，实时管理实物，以更低的成本得到更高的制造质量和效率。

# 设备优化：设备监测、预警、运维

## 案例 1　西门子 MindSphere 平台：德国格林机床设备预警

### 企业及平台基本情况

德国格林机床有限公司（以下简称“格林机床”）是一家跨国珩磨设备和刀具制造公司，自 1926 年以来不断推动珩磨工艺的发展。目前，珩磨工艺成为一种全球性的高效加工工艺。在整个金属加工行业，德国格林机床的设备是高效生产不可或缺的组成部分。

### 平台部署方式与实施内容

MindSphere 包括边缘连接层、开发运营层和应用服务层 3 个层级，如图 6-1 所示。

边缘连接层可以通过 MindConnect 将来自不同厂商的设备、工控系统、信息系统等数据安全、实时地传输到 MindSphere 云平台。边缘连接层的主要产品包括 MindConnect IoT 2040 和 MindConnect Nano，两者都是可以将工业设备数据传输到 MindSphere 的工业 PC，并且都支持 OPC UA，前者适用于小型生产场景，后者适用于大型生产场景。

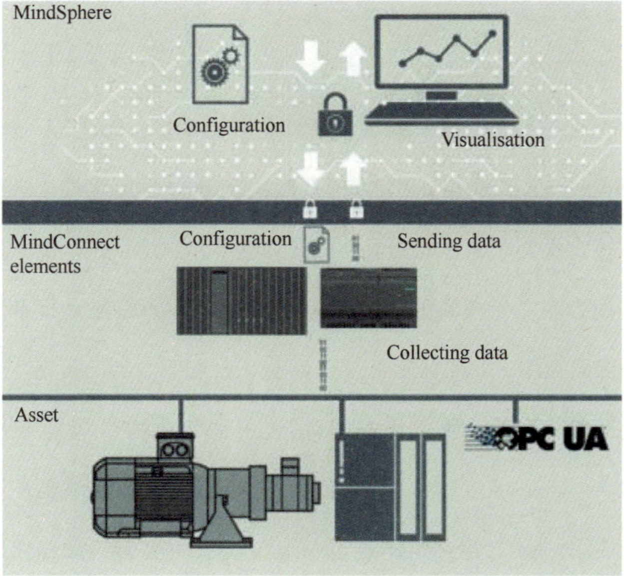


图 6-1　西门子 MindSphere 平台架构

开发运营层主要基于 SAP HANA Cloud Foundry 为用户提供大

数据服务和工业 App 开发服务。大数据服务主要为用户提供分析、存储、共享设备数据的服务。工业 App 开发服务主要为用户提供相应的工业知识、开发工具、开发环境和 App 共享服务。用户可以在开发运营层通过分析工厂的数据并结合相应的行业知识开发工业 App，并且可以在平台售卖自己的工业应用或租赁其他的工业应用。

应用服务层主要是为用户提供基于 MindApp 和行业解决方案的智能应用服务，与 IBM 和 SAP 展开深度合作，主要包括设备预防性维护服务、工厂能耗分析服务、资源优化服务等。例如，MindApps Fleet Manager 可以通过数据帮助企业实现对资产的实时监控，主要功能包括查看、搜索、排序和过滤资产，而且用户也可以自定义相关的资产管理规则。目前，MindSphere 平台已在北美和欧洲的 100 多家企业进行试用。

2017 年 4 月，西门子与埃森哲、Evosoft、SAP、微软、亚马逊和 Bluvision 等合作伙伴在汉诺威展上展示了 6 种微服务和约 50 种工业 App。格林机床通过 MindSphere 平台对关键部件的状态参数进行采集、分析和测试，实现了对刀具磨损状态的精准预测和适时更换。

## 案例 2 PTC ThingWorx 平台：美国 HIROTEC 设备运维

### 企业及平台基本情况

HIROTEC AMERICA 隶属于 HIROTEC 集团公司，是一家市值 16 亿美元的公司，拥有超过 60 年的大规模生产经验和工程知识，遍布 9 个国家和地区的 26 家工厂。HIROTEC 集团（以下简称“HIROTEC”）在全球范围内被公认为首屈一指的自动化制造设备与部件供应商。多年来，如通用汽车（General Motors）、马自达（Mazda）等汽车制造商均曾使用过得到验证的 HIROTEC 优质工业制造概念和系统。这家部件和工装供应商一年可以设计并制造大约 700 万扇门和 150 万套排气系统。HIROTEC 虽然是全球最大的自动化生产设备和零部件供应商之一，但是面临设备数据集成困难、设备停机严重影响生产计划等问题。

### 平台应用需求及平台功能

运营停机是原始设备制造商（OEM）面临的重大问题。在大多数情况下，机械设备可以在无状态监测的情况下运行，基本上可以在发生故障之前一直保持运行。在机械设备发生故障时，相应的人员将评估情况，然后尽快安排维修，避免延误生产计划。天气或交通模式等外部因素也可能会加剧出现停机的情况，导致组织无效率或资源配置不当。

HIROTEC 通过利用现有信息和系统深度洞察自身的运营和流程，力求打破不断被动维护、错失机会的状态。长期以来，汽车供应商一直通过遍布客户生产设施及自有系统的传感器和机器来收集行业数据，以支持做出决策和跟踪业务进展情况。然而，这些数据被人为地分离并存储于多个来源中，使之无法用于系统性分析。为了提高质量、减少停机并优化生产计划，HIROTEC 需要实施一种现代化、自动化的解决方案，将维护和运营信息收集到一个信息源中，并为质量专家提供可执行的建议。

HIROTEC 基于 ThingWorx 平台组件打通 OT 层和 IT 层，实现 CNC 机器运行数据和 ERP 系统数据的对接，并基于大数据服务对机器数据进行挖掘和分析。

### 平台部署方式与实施内容

HIROTEC 北美车间位于美国密歇根州底特律，由 8 台计算机数字控制（CNC）机床产生独特的数据，该车间被选中作为

HIROTEC 第一阶段短期冲刺项目的测试床。ThingWorx IoT 平台可提供分析能力，还能够快速开发基于角色的数据可视化应用程序，而 Kepware 的 IoT Gateway for KEPServerEX 可收集来自 CNC 机床的数据，并把其实时流式传输到云端。有了这个解决方案，HIROTEC 无须投入人力便可用自定义的直观方式查看其工业设备及系统的运营和状况。

该平台整体架构分为四层：IT/OT 资源层、IT/OT 互联层、App 平台层和 App 层，如图 6-2 所示。

IT/OT 资源层。该层将所有的应用、硬件、人都归集为企业资源。应用包括 PLM、ERP、MES 等业务系统和 CAD/CAE 等工具；硬件包括智能设备（数控机床、机器人等）、工控系统、物流配送设备、工装夹具 / 物料等；人员为各角色用户，一方面是操作的主体，另一方面是企业运营中的可调度资源。

IT/OT 互联层。该层可以分为两个层次：赛博物理系统总线（CPS HUB）实现设备、车间、企业级的垂直集成，重点解决异构设备互联、设备 / 系统的互联、大数据管理等关键能力；设备资源互联及实时控制 IMC（Intelligent Monitor and Control）和设备与系统互联。前者解决设备运营管理，后者将设备运营与业务系统融合，实现企业运营管控。

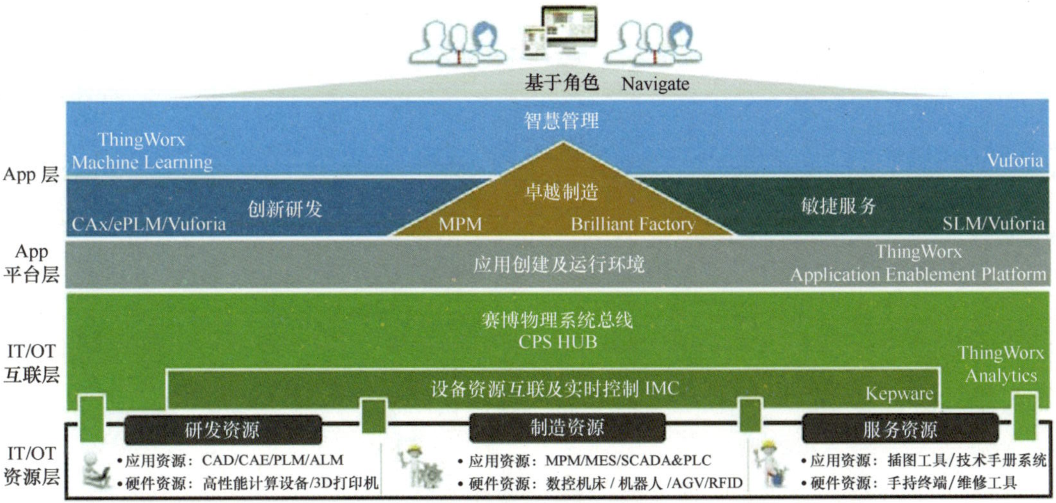


图 6-2　PTC ThingWorx 平台架构

App 平台层。该层支持与 CPS HUB 的对象化互联和 App 新业务应用模块的快速构建。在快速建模及应用创建方面，App 平台层的主要能力包括数据模型构建、应用界面创建、应用发布部署、第三方服务调用等，并内置多项基础应用，如设备资产管理、软件内容管理、数据传递、工作流、权限控制等。在应用创建方面，用户可以根据业务需求，基于 CPS HUB 的数据基础构建自己的 App，也可以使用 PTC 公司提供的最佳实践 App 套件。

App 应用层。智能制造体系下的业务价值链活动要体现业务转型升级的方向，即在研发环节，重点提升产品创新能力；在制造环节，重点提质增效，提高运营及生产效率；在服务环节，重点提高敏捷性，以快速响应客户需求，向服务要效益；在管理环节，重点提高智慧性，在工业大数据中对运营过程进行分析，帮助管理者从已知现象分析问题的本质，发现未来可能出现的结果，从而实现从已知推断未知的智慧决策。App 应用层即是从上述几个方向出发，在创新研发、卓越制造、敏捷服务和智慧管理 4 个方面，分别基于行业最佳实践，提供相应的 App 应用。

## 平台应用价值与推广性

自从实施 ThingWorx IoT 平台和 Kepware 的 IoT Gateway 以来，

HIROTEC 对其 CNC 车间流程的可见性得以增加，而且获得了更深度的运营洞察。该公司很早就认识到，获取 CNC 机床正常运行数据可以显著影响车间的排程，而它之前是根据猜测和事后分析进行的。制造企业的领导现在可以使用来自车间现场的实时数据，将它们与排程 ERP 系统连接在一起，从而优化部件到 CN 模块的排程。

这个过程还能够自动围绕当前的需求和优先事项提出问题，并且确定最有效的行动步骤，从而在资产和资源配置方面提供更好的洞察能力。由于这个原因，HIROTEC 提高了车间的生产力，提升了自身的 ROI( 投资回报率 )。

此外，HIROTEC 还增强了运营部门与信息技术（IT）部门的协作。IT 团队每天与研发工程师一起工作，迅速参与到公司路线图和战略目标的制定过程中，被赋予了在战略层面做出贡献的能力。跨部门团队的组建改善了整个企业的沟通，增加的视角也有助于促进快速高效地响应 IT 团队的工作。

HIROTEC 期待自己的 IoT 活动可以影响业务的每个方面：从运营和 IT 一直到财务预测、客户关系和销售。随着冲刺项目的进展，HIROTEC 将会不断地发现各种情境化的数据集有何作用，然后使用这些数据创造和分析通用的业务流程。HIROTEC 的最终目标是基于上述思路打造一条“IoT 就绪”的生产线，并从集中式操控板实现远程设备监测和管理，以便促进预见性、主动性维护。通过 ThingWorx 平台，HIROTEC 实现了运营部门和生产部门的深度协作，有效减少了设备停机时间，降低了企业运营成本。

## 案例 3　GE Predix 平台：加拿大布鲁斯电力公司设备监测

### 企业及平台基本情况

布鲁斯电力公司是加拿大第一家私营核电企业。厂址位于休伦湖湖畔，内设布鲁斯 A、B 发电站，各包含 4 个 CANDU 反应堆。

在过去的 10 年中，布鲁斯电力公司更新了布鲁斯 A 核电站的全部 4 个机组，为安大略省的消费者提供 3000 兆瓦低成本、可靠的电力。再加上布鲁斯 B 机组，布鲁斯电力公司发电量达 6300 兆瓦，为安大略省 1/4 的医院、家庭、学校和企业输送电力。

布鲁斯电力公司经营着世界上最大的核电厂之一，在满足安大略省的需求方面扮演了重要角色。通过在安大略省的经营，布鲁斯电力公司具备了有益于核工业的经营实力，并与省内的核供应链紧密合作。随着核能供应商正努力进军国际市场，作为一家大型企业，布鲁斯电力公司正准备与其他核工业企业分享自己在核供应链中取得的经验。

### 平台应用需求及平台功能

布鲁斯电力公司通过 8 个核反应堆（每个能够生产多达 800 兆瓦的电能）为加拿大安大略省提供约 30% 的基础电力，但面临发电效率低下、核电设备维护难等问题。公司对设备的定期维护也缺乏统一管理，容易造成电力延误。

### 平台部署方式与实施内容

布鲁斯电力公司选择 GE 公司的 Predix 平台作为核电设备运维管理的解决途径。Predix 平台架构分为三层：边缘连接层、平台层和应用服务层。其中，边缘连接层主要负责收集数据并将数据传输到云端；平台层主要提供基于全球范围的安全云基础架构，满足日常的工业工作负载和监督的需求；应用服务层主要负责提供工业微服务和各种服务交互的框架，包括提供创建、测试、运行工业互联网程序的环境和微服务市场。GE Predix 平台架构如图 6-3 所示。

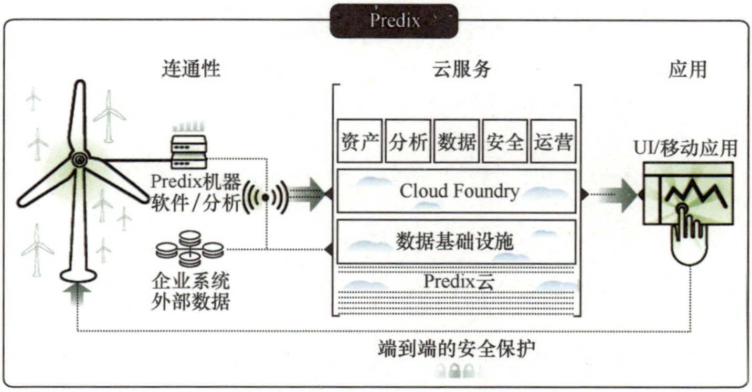


图 6-3　GE Predix 平台架构

GE 公司通过 Predix 平台的 APM 功能，为布鲁斯电力公司提供了核电设备实时监控和故障反馈服务，使设备运行数据实现了可视化管理，满足了高等级的核电安全标准。Predix 平台在参考设备生命周期模型分析参数后，确定了最佳的安全维护周期，并对危险系数较高的设备提供了实时的预警服务。

## 平台应用价值与推广性

依靠 Predix 平台，布鲁斯电力公司的单个核电设备连续运行 500 天即可为当地提供全年 15% 的电力，效率大幅提升，平均发电价格降低了 30%，设备稳定性明显上升。

## 案例4　ABB Ability平台：美国电力公司设备监测

### 企业及平台基本情况

美国电力公司创建于1906年12月20日，总部位于美国俄亥俄州哥伦布市，全职雇员17634人，是全美最大的公共事业公司之一，从事发电及输配电业务，客户主要来自零售与批发行业。公司使用煤与褐煤、天然气、核能、水力发电及其他能源发电，也提供给其他电力公司、乡村电力合作社及其他市场参与者。另外，公司拥有与租赁近4838列铁路车辆、498艘驳船、12艘拖船、8艘港勤艇及煤炭装卸码头。美国电力公司住宅用电占比约38%，商业用电占比约24%，工业用电占比约21%。美国电力公司在美国的11个州拥有530万名客户，营收主要来自俄亥俄州，约占29%；其次为得克萨斯州，约占13%。

### 平台应用需求及平台功能

美国电力公司以往主要依靠现场诊断对设备运行数据进行分析，工作效率较低，时常面临高压设备带来的安全危险，而零部件的更换维修主要依据产品手册，设备寿命固定。

通过合作，ABB公司为美国电力公司的变压器、断路器和蓄电池分别加装了 8600 个、11500 个和 400 多个传感器，对设备进行数据采集、诊断与分析，并形成有效的资产管理方案。ABB Ability 平台对汇聚的数据进行统计、经验分析、模型参照、大数据计算等，借助多功能智能仪表盘呈现变压器状态、故障概率分析和维修行动建议等。

## 平台部署方式与实施内容

平台部署方式与实施内容，如图 6-4 所示。

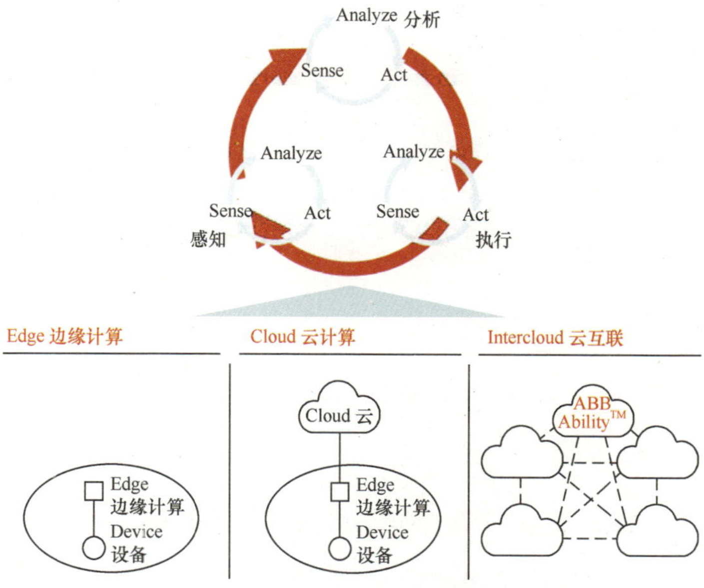


图 6-4　ABB Ability 平台构架

ABB Ability 平台由 Ability Edge 和 Ability Cloud 构成。ABB Ability Edge 主要用于数据采集，包括采集设备及生产控制系统（SCADA，DCS）的数据，通过 Ability Edge 内置的数据模型进行预处理，并传输至云端。Ability Cloud 是基于 Microsoft Azure 云基础架构及其应用的服务，通过对数据进行集成管理和大数据分析，形成智能化决策与服务应用。未来，ABB 还计划将其 Ability 平台与其他工业互联网平台进行互联互通，实现业务协作。

### 平台应用价值与推广性

凭借 ABB Ability 平台，美国电力公司可以实时监控其设备参数，实现设备预测性维护。高压设备运行、维护风险降低了 15%，设备寿命延长了 3 年，维护成本降低了 2.7%，设备维护效率提高了 4%，维护策略成效提升 8%，有效降低了设备的维护成本。

## 案例 5　树根互联根云平台：大豪科技设备运维

### 企业及平台基本情况

大豪科技位于北京市中关村科技园区电子城科技园内，是专业从事各类缝制设备电脑控制系统研发、生产和销售的高新技术公司。经过多年的发展，大豪科技已拥有 4 个综合基地，一个研发中心，占地近 10 万平方米，拥有遍布海内外的 20 多个销售服务网点。公司总资产 10 亿多元，累计销售超过 30 万台设备，其主导产品的国内市场占有率达 75% 以上，除销往全国的缝制设备生产企业外，其配套的电脑控制系统产品还出口到 70 多个国家和地区，在全球范围内有 100 余万台终端。大豪科技是缝制设备电控领域的龙头企业。

### 平台应用需求及平台功能

国内缝制机械企业的整体竞争力不强，主机厂面临着设备未物联、监控管理难、后市场营收不足、设备维护成本大、产品距离客户远、产品设计优化难等问题。生产商面临着意外停工期难预测、生产成本难核实、生产进度难监控、薪资标准难统一、传统缝制机械行业“各自为战”等问题。品牌商面临着过度生产、生产商交付能力难预测等问题，造成了资源的严重浪费，以及销售政策经常临时调整的严峻状况。

根云平台能够面向纺织机械行业，为企业提供资产管理、智能服务、预测性维护等工业应用服务。分层集成、即插即用的业务模式大幅降低了企业的资金和技术门槛，普惠广大中小型工业企业。

## 平台部署方式与实施内容

根云平台主要具备 3 个方面的功能：一是智能物联，通过传感器、控制器等感知设备和物联网络，采集、编译各类设备数据；二是大数据和云计算，面向海量设备数据，提供数据清洗、数据治理、隐私安全管理等服务以及稳定可靠的云计算能力，并依托工业经验知识图谱构建工业大数据工作台；三是 SaaS 应用和解决方案，为企业提供端到端的解决方案和即插即用的 SaaS 应用，并为应用开发者提供开发组件，方便其快速构建工业互联网应用。树根互联根云平台架构如图 6-5 所示。

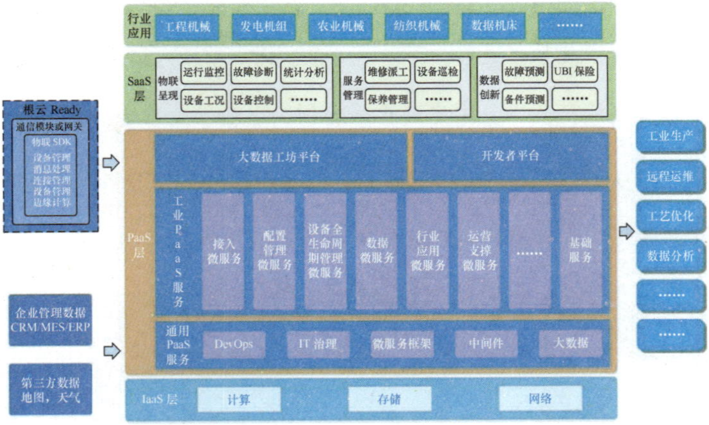

图 6-5　树根互联根云平台架构

为推动缝制机械行业实现智能制造、转型升级、做大做强，大豪科技与树根互联达成合作，根云平台帮助大豪科技完成适用于缝纫纺织行业后市场应用软件的开发，实现缝纫绣花设备的数据采集、上传，以及大数据云服务的存储与处理，提供基础管理、工作量统计、设备远程控制与诊断、管理报表等设备管理功能，推动缝纫纺织行业实现从硬件收入到按成果收取服务费的模式创新。

### 平台应用价值与推广性

基于大豪科技与树根互联的合作经验，对纺织行业而言，主机厂可通过根云平台实时监控设备工况，为客户提供预测性维护建议，降低易损件备件呆滞库存，提升客户的满意度及存留率，提高售后服务收入。生产商可通过根云平台的统计与分析应用，直观地了解生产效率及主辅料用量，准确核算生产成本及毛利率；采集设备运转大数据，按缝制针数及难度计算工人的工资，优化薪资支出。品牌商可通过根云平台查看各生产厂的历史信息，包括开工率、生产效率、良品率、按时交付率等，使用工业大数据应用预测交付能力；实时监控生产进度及效率，使用工业智能应用实时提示预期交付时间及状态，协助调整生产策略。

## 案例 6　华能 Aidustry 平台：华能重庆珞璜电厂设备运维

### 企业及平台基本情况

中国华能集团有限公司（以下简称“中国华能”）是经国务院批准成立的国有重要骨干企业。中国华能注册资本 349 亿元人民币，主营业务为电源开发、投资、建设、经营和管理，电力（热力）生产和销售，金融、煤炭、交通运输、新能源、环保相关产业及产品的开发、投资、建设、生产、销售，实业投资经营及管理。

中国华能从 1985 年创立至今，在 30 多年的发展历程中，为电力工业的改革、发展和技术进步提供了丰富的经验；为电力企业提高管理水平、提高经济效益发挥了示范作用；为满足经济与社会发展的用电需求、实现国有资产的保值增值做出了重大贡献。公司坚持“方向明确、科学发展，不断创新、保持领先，多方合作、互利共赢”，逐步形成了“为中国特色社会主义服务的红色公司；注重科技、保护环境的绿色公司；坚持与时俱进、学习创新、面向世界的蓝色公司”的企业使命和“坚持诚信、注重合作，不断创新、积极进取，创造业绩、服务国家”的核心价值观等具有华能特色的企业价值理念。

中国华能致力于建设具有国际竞争力的大企业集团。截至2017年年底，公司境内外全资及控股电厂装机容量突破1.7亿千瓦，为电力主业发展服务的煤炭、金融、科技研发、交通运输等产业初具规模。公司在中国发电企业中率先进入世界企业500强，2017年排名第227位。

## 平台应用需求及平台功能

状态检测、优化运行、指标监管等都是水电站日常生产管理的重要任务，受制于人力资源和技术手段，这些工作的开展有很大的难度。大数据与人工智能技术为安全生产提供了全新的方法和技术，适时引入这些方法和技术，对提高发电企业的技术管理水平有着重要的意义。

## 平台部署方式与实施内容

人工智能模块的技术关键在于系统模型的建立，包括结构与辨识两部分。模型结构的确认由工程师完成，模型参数的辨识由机器学习（算法）完成。人工智能的算法应用提供了多种机器学习算法，可用于各种模型的在线学习。

中国华能在所属的水电站、火电站部署大数据分布式采集服务节点，完成现场实时数据的采集、存储、传输和共享。

中国华能在本部及下属区域公司部署 AI 计算引擎服务和应用展示服务端，用于大数据的智能分析，预警和故障诊断等智能算法的部署运算及应用展示。

基于工业大数据和人工智能的数据处理方法及模型计算方式，结合机器学习的动态建模理论，设计开发用于水电站、火电站主设备的趋势预警、故障诊断、运行优化、运行特性的多种人工智能模块，部署至中国华能本部的 AI 计算引擎服务端，完成安全生产决策支持所需的在线智能数据分析任务。

中国华能在应用服务器上完成任务展示和交互页面的开发、部署。

### 平台应用价值与推广性

华能 Aidustry 平台针对设备异常、复杂工况等风险因素，使用基于大数据的安全预警模型，实现设备的异常检测和风险评估，及时发送风险预警信息，提高检修运维效率，减少因设备异常而产生的经济损失。华能 Aidustry 平台现已开发水电设备诊断模块 128 个、应用模型 258 个，可取代 20% 以上的常规设备巡检任务；设备模型已成功预测 100 多次故障；及时报警检修为电厂节省 500 万元。

华能 Aidustry 平台通过使用基于大数据的智能化设备趋势分析模型，实现企业生产设备间的联动调节与管理，提高能源的使用效率，降低企业的生产能耗。其中热力引导系统模型在重庆珞璜电厂的应用使锅炉降低了 2.2 克煤耗，两台机组共节省 7480 吨煤，直接经济利益达 698 万元。

## 案例 7　寄云 NeuSeer 平台：彩虹集团公司设备监测

### 企业及平台基本情况

彩虹集团公司（以下简称“彩虹集团”）曾是国务院国有资产监督管理委员会管理的在京中央企业，前身是国营陕西彩色显像管总厂，成立于 1977 年，是我国“六五”期间为“引进彩色显像管成套技术和设备”而设立的国有独资企业。彩虹集团是中国第一只彩色显像管的诞生地，也是中国生产量最大、配套能力最强的彩色显像管生产企业。

2014 年 12 月 6 日，国家发展和改革委员会正式批复同意彩虹集团建设平板显示基板玻璃工艺技术国家工程实验室，并给予 5000 万元国家投资补助支持。这是彩虹集团建设的又一个国家级创新平台，也是我国首家基板玻璃国家级工程实验室。

## 平台应用需求及平台功能

彩虹集团特种玻璃事业部面临传统 PLC、DCS 数据采集与存储方式独立、数据格式封闭、数据保存周期短等问题，无法做到对设备的全生命周期管理优化。

寄云 NeuSeer 平台主要由 NeuSeer Edge 边缘网关、NeuSeer Stack 工业应用开发和大数据分析平台以及 NeuSeer Apps 工业互联网应用 3 个部分组成，如图 6-6 所示。NeuSeer Edge 边缘网关通过协议转换可以实现从各类工业设备和传感器数据的实时提取，支持对数据进行本地运算和预处理。NeuSeer Stack 工业应用开发和大数据分析平台能够为工业企业的应用开发人员和数据分析人员提供数据存储、应用开发、数据分析、工业模型开发与测试等方面能力。NeuSeer Apps 涵盖远程监控、性能评估、预测等工业应用。

## 平台部署方式与实施内容

基于寄云 NeuSeer 平台，寄云与彩虹集团特种玻璃事业部一起利用工业互联网打通数据采集链路，建立数字仿真器完成设备及自动化系统的地址映射表及故障代码映射表，选择时序数据库完成生产数据的存储和分析，对工业数据的价值进行有效筛选和挖掘利用，实现全方位可视化监控车间数据，有效管理生产线。

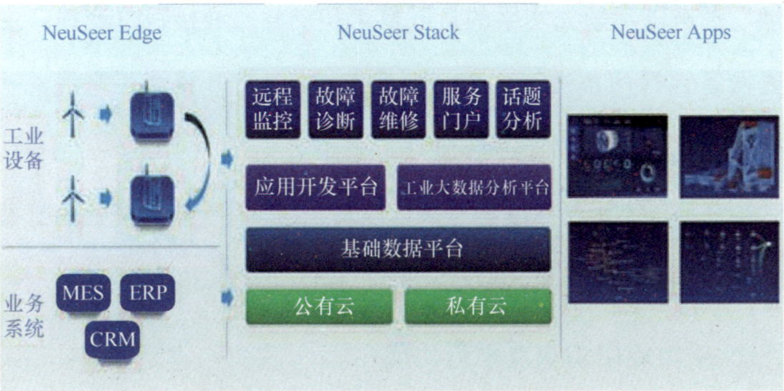


图 6-6　寄云 NeuSeer 平台架构

### 平台应用价值与推广性

借助寄云 NeuSeer 平台，彩虹集团特种玻璃事业部实现单条产线运营成本降低 20%，产能提升 20%，生产节拍提升 20%，不良率降低 10%。

## 案例 8　华龙迅达 VRII IPC 智能设备控制平台：曲靖卷烟厂设备运维

### 企业及平台基本情况

曲靖卷烟厂始建于 1966 年，现生产能力超过 100 万箱，年销量 95 万箱，年创税利 30 多亿元，为国家二级企业。曲靖卷烟厂拥有国际领先水平的打叶复烤和制丝、卷接包生产线。主要设备包括两条进口的 12000 千克 / 小时打叶复烤生产线，一条 1140 千克 / 小时干冰膨胀线，豪尼公司的 9000 千克 / 小时、5000 千克 / 小时制丝线各一条，以及包括当今世界最先进的普鲁托斯 ii 型卷烟机和 gdx3000 型包装机等卷烟设备 30 多台。

### 平台应用需求及平台功能

我国工业控制系统、高端工业软件、云计算平台等产业基础薄弱；平台数据采集、开发工具、应用服务等核心技术存在不足，自动控制与感知新基础有待夯实；OT、IT 融合难，“人、机、料、法、环、测”数据难以贯通，造成工业现场的信息孤岛；不同行业的产品特点、生产流程、制造工艺、质量控制等存在很大的差异，对设备接入方式和异构数据的采集方式及要求也不同，行业特性造成了经验复用难。

华龙迅达 VRII IPC 智能设备控制平台以工业物联网智能终端“机器宝”为核心，构筑多源异构数据设备接入、采集、集成、传输、交互、存储和应用于一体的设备数据接入和数据采集平台，以强大的设备数据接入和数据采集能力打破工业现场的信息孤岛，形成了以“机器宝”为纽带，连接“云端＋物端”的工业物联网人—机对话模式，如图 6-7 所示。

## 平台部署方式与实施内容

本应用案例关键要素为“广、强、全、严”。

一是协议转换和接入能力“广”。数据采集端支持标准协议，支持主要的厂商接入设备，具备将非标准通信协议转化为标准通信协议的功能，兼容 80% 以上的主要通信协议。

二是异构数据管理及边缘计算能力“强”。“机器宝”边缘智能设备能够安全地处理和收集机器及传感器的数据，并将机器和传感器数据传送到云端，将“人、机、料、法、环”这些制造业的异构要素数据在信息空间中建立数字工厂的镜像，如图 6-8 所示。

三是数据采集服务能力“全”。数据采集服务已实现平台化、模块化，数据采集平台具有数据清洗、数据分类、数据编码、数据交互、数据存储、数据运用等模块，为连接各类设备提供统一接口，实现不同设备之间的互联互通，如图 6-9 所示。

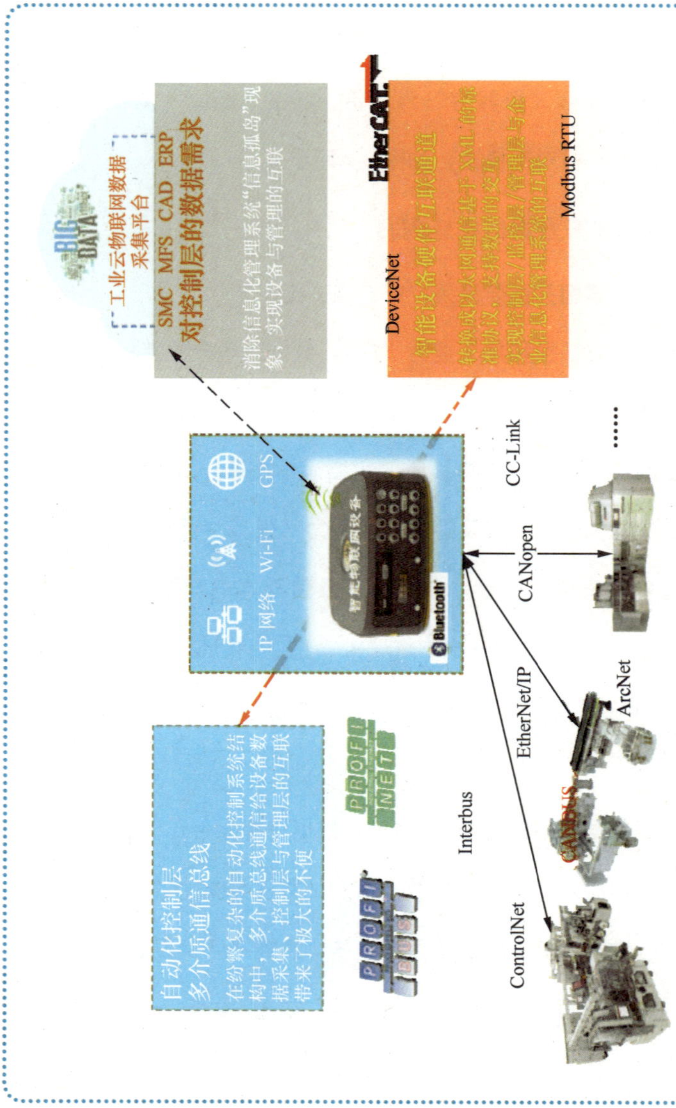


图 6-7　华龙迅达 VRII IPC 智能设备控制平台架构

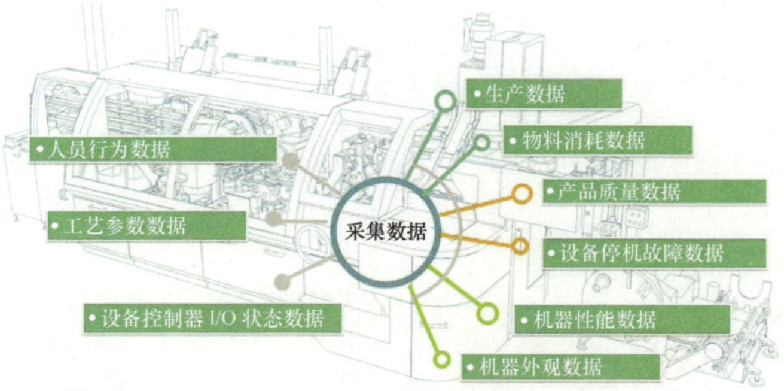


图 6-8　华龙迅达平台数据采集示例

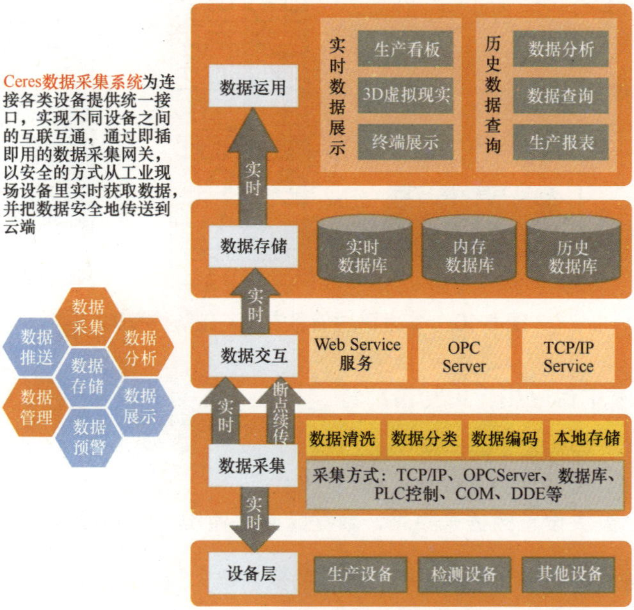


图 6-9　华龙讯达 Ceres 数据采集系统

四是数据采集安全防护服务“严”。信息安全基础防护框架实现了对系统、网络、终端等安全状态的集中监控、分析与响应，实现了安全风险的可视化、可管理，支撑安全运行、安全管理和安全决策能力，如图 6-10 所示。

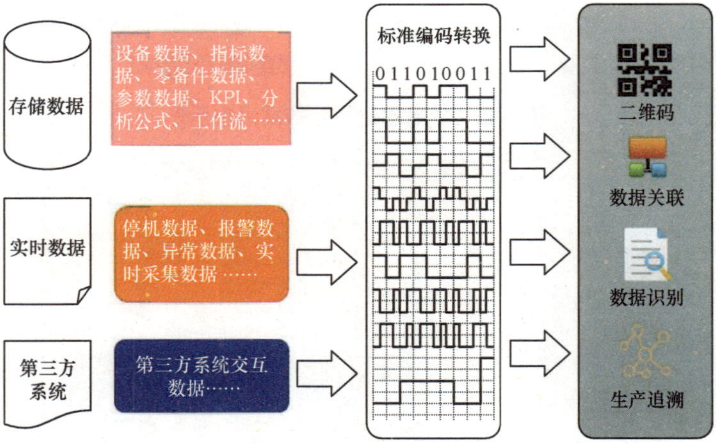


图 6-10　华龙讯达信息安全基础防护框架

## 平台应用价值与推广性

该项目的主要应用价值如下：

解决设备数据采集难，数据烟囱贯通难，海量数据处理难，异构数据采集和处理知识、经验的复用难，边缘计算的软硬件载体少等重大问题；

为 IT 与 OT 的贯通夯实数据基础，加快制造行业数字化工厂的建设步伐，提高智能制造的整体水平；

降低数据采集的门槛和难度，提高各类设备联网的准确性和可靠性，为企业实施智能制造、网络化制造奠定数据来源基础，降低制造行业融入工业互联网的技术门槛，为“基础化云、万物接云、应用入云、企业享云、生态构云”提供数据驱动力。

# 工艺优化：虚拟制造、工艺参数优化

## 案例 9 东方国信 BIOP 平台：酒泉钢铁（集团）有限责任公司工艺参数优化

### 企业及平台基本情况

酒泉钢铁（集团）有限责任公司（以下简称“酒钢集团”）始建于 1958 年，是国家“一五”期间重点建设项目之一。拥有嘉峪关本部、兰州榆中和山西翼城 3 个钢铁生产基地，钢产能已达 1000 万吨（其中不锈钢 100 万吨），主体技术装备水平居国内先进行列。

经过 60 年的艰苦创业，酒钢集团现已形成从“采、选、烧”到“铁、钢、材”完整配套的钢铁工业生产体系，成为我国西北地区最大的碳钢和不锈钢生产基地。在发展钢铁主业的同时，酒钢集团积极发展非钢产业，已形成火力发电、装备制造、耐材建材、工业民用建筑、房地产开发、种植养殖、葡萄酒酿造、物业管理、物流配送、医疗卫生、职业教育、商业保险代理、餐饮旅游服务等跨地区、跨行业、跨所有制的多元化产业格局。

### 平台应用需求及平台功能

酒钢集团是我国西部最大的钢铁联合企业，其原燃料主要依赖自产，原燃料质量差，质量波动幅度大，高炉类型多样化，炉容涵盖范围广，存在因反应器“黑箱”特性导致生产操作因人而异难以标准化、大炼铁产线各生产工序缺少系统级协同、数据孤岛、互联互通不畅等问题。

### 平台部署方式与实施内容

东方国信 BIOP 平台架构，如图 6-11 所示。

### 平台应用价值与推广性

基于东方国信工业互联网平台 BIOP 的实施，酒钢集团提升铁水质量稳定性 20%，单座高炉每年降低成本 2400 万元，单座高炉每年减少碳排放 20000 吨，冶炼效率提升 10%。

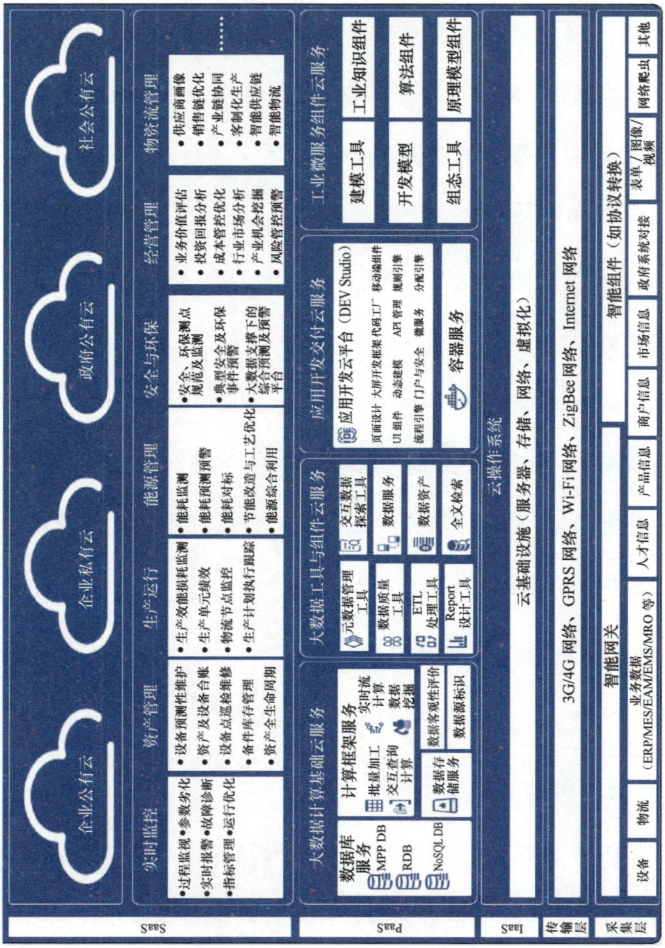


来源：东方国信

图 6-11　东方国信 BIOP 平台架构

在此基础上，东方国信工业互联网平台 Cloudiip 以物联网为基础，以大数据为中心，以大炼铁产线为载体，以配矿、焦化、烧结、球团和高炉各核心冶炼工序的协同为目标，研用大数据处理技术，以工艺机理模型、机器学习、机器视觉、推理机、数值模拟、自动控制等技术为手段，实现了全局性成本最优、能效最低的智能协同制造，并基于炼铁云和上百个工艺微服务实现了生产企业、设计院、科研院所、供货商、期刊、学会等生态链接和资源优化配置，推动行业大数据深度应用和“产、学、研、用”高效结合。

## 案例 10　石化盈科 ProMACE 平台：中国石油化工股份有限公司九江石化工艺参数优化

### 企业及平台基本情况

中国石油化工股份有限公司九江分公司（以下简称“九江石化”）位于江西省九江市东郊，北濒长江，南倚庐山，东临鄱阳湖，占地面积 4.2 平方千米，是江西省境内唯一的大型石油化工企业，地理位置优越，交通便利。生活区距长江仅 1 千米，沿江设有 7 个 5000 吨级和 3 个 3000 吨级泊位的自备油品码头，可直接对外轮开放。原油可以海运进长江到公司，也可从鲁宁输油管输送到仪征后，装船运送到公司。仪长原油管线九江段已于 2005 年 12 月 16 日输油进厂。投产 28 年来，公司不断发展壮大，实现了由单一的石油炼制型向集炼油、化工、化肥为一体的石化联合公司的成功转型。

### 平台应用需求及平台功能

石化行业是典型的流程型行业，具有多原料输入、多产品输出、工艺过程复杂、控制点多、流程连接呈网状结构、原料及产品市场价格变化快、生产工艺对设备可靠性要求高等特点，特别是大型炼化项目，更是一个庞大的系统。九江石化前身为九江炼油厂，作为一家建厂于 1980 年的老化工公司，九江石化的厂房、设备和技术，在中石化 44 家子公司中并不突出。

石化盈科 ProMACE 平台采用云计算、大数据、物联网、人工智能等技术，提供数据集成、实时计算、智能分析、物联网接入、可视化等核心能力，支撑流程工业智能化转型升级。平台主要聚焦石化行业，围绕着“生产一体化优化”“生产集成管控”和“全生命周期资产管理”提供标准工业应用，如图 6-12 所示。

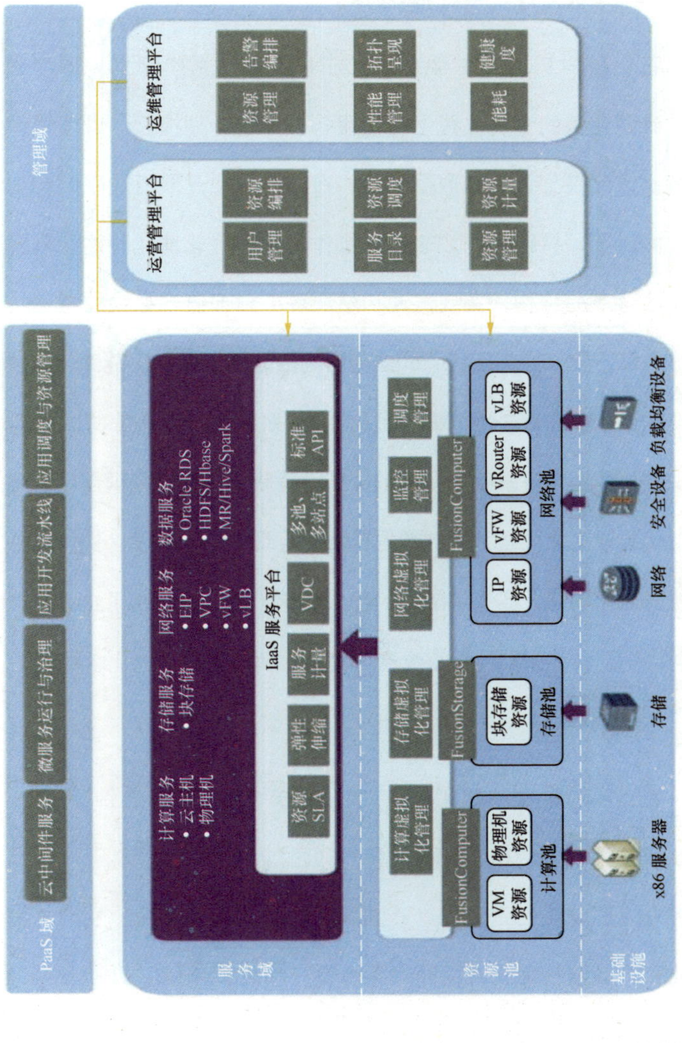


图 6-12 石化盈科 ProMACE 工业云平台架构

### 平台部署方式与实施内容

石化盈科 ProMACE 平台为九江石化提供生产计划、调度作业、计划业务的全流程线上管理服务，促进计划模型、调度模型和装置优化模型之间的数据交互，在此基础上开展原油采购和加工方案比选，持续优化 CFB 锅炉操作方案，优化催化柴油切割温度，改善产品结构，实现汽油和航煤等高附加值产品线的增长。

九江石化按照集成优化和业务协同的思路，以供应链优化为核心，基于平台建成生产计划、调度作业计划业务的全流程线上管理，实现优化模型与各系统之间的数据自动集成，实现计划模型、调度模型和装置优化模型之间的数据交互，实现计划、调度、操作业务的协同优化闭环，实现供应链的整体优化，进一步提高了企业生产计划编制、原油采购优化、生产方案优化和产品结构优化水平。

### 平台应用价值与推广性

通过应用平台，九江石化 2015 年滚动测算案例达到 242 个，增效 2.8 亿元；2016 年滚动测算案例超过 500 个，增效 3.2 亿元。未来九江石化将在企业生产计划编制、原油采购优化、生产方案优化和产品结构优化方面通过平台进一步发挥作用。

# 运营优化：能源、人员、安全、原材料、仓储物流

## 案例 11 施耐德 EcoStruxure 平台：福特汽车能源优化

### 企业及平台基本情况

福特汽车公司是一家生产汽车的跨国企业，位于美国密歇根州迪尔伯恩（现公司总部所在地），由亨利·福特（Henry Ford）创立，1903 年公司化。在 20 世纪，福特、通用与克莱斯勒被认为是底特律的三大汽车生产商。这三家公司“统治”着美国的汽车市场。福特汽车的商标来自创办人亨利·福特常用的签名字体。福特汽车在美国汽车市场连续 75 年保持销售量第二名，仅次于通用汽车。2007 年因油价高涨、大型 SUV 休旅车与卡车的销量减少，福特汽车被丰田汽车超越，成为美国汽车市场销售量的第三名。

亨利·福特引用了大批量汽车生产以及大批量工厂员工管理的方法，更别具匠心地设计了以移动式流水线为代表的新生产序列。他提出的“高效率、高工资、低售价”，对当时的美国制造业来说是一次翻天覆地的改革创新。这套方法因此也被称为“福特制”。

### 平台应用需求及平台功能

过去，福特汽车公司月末报告和实时数据存在 6 周的延迟，导致未能抓住节能和采购节省的机会。福特缺乏对北美地区所有制造厂的资源整合能力，未实现生产制造设施的实时通信和管理，无法获取电力和天然气消耗的实时数据。

施耐德电气的电力管理运营部门依托 EcoStruxure 平台为福特打造企业能源管理（EEM）软件系统。该系统为福特汽车公司在美国境内的 43 座设施收集电力数据并进行本地处理，然后发送到云端能源管理系统。这种方式可实现现场和远程监控，从而产生优化的节能增效。

### 平台部署方式与实施内容

EcoStruxure 物联网平台共分三层，包括互联互通的产品层、边缘控制层以及应用、分析与服务层，如图 6-13 所示。

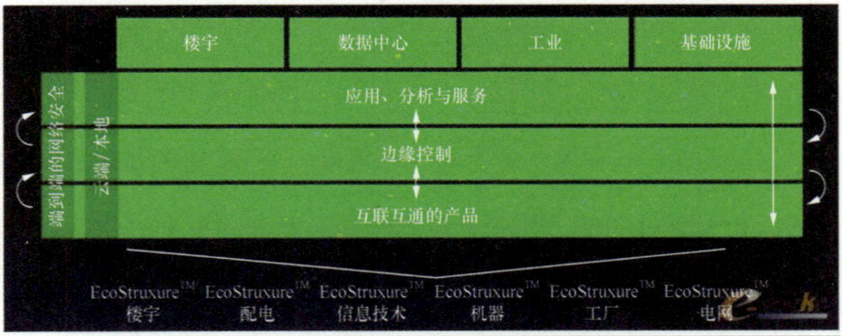


**图 6-13　施耐德 EcoStruxure 平台架构**

互联互通的产品层：EcoStruxure 物联网平台通过在断路器、变频器、制动器等关键设备中嵌入传感器、计算系统、IP 网络和边缘分析等功能，可以实现对设备的发现和加载、设备的配置和通信、设备数据的收集和存储，并具备在设备层级进行本地分析、便捷配置和升级更新的能力。

针对产品的互联互通，施耐德电气推出了 AltivarMachine 变频器和 AltivarProcess 变频器。AltivarMachine 机器变频器用于满足智能机器的各种要求，并且能够在简单和复杂的应用中给予原始设备制造商对变频器的选择指向。AltivarProcess 变频器不只是一台变频器，还是一款智能型互联互通产品，企业可以通过移动端访问有关信息，从而实时做出业务决策。

边缘控制层：EcoStruxure 物联网平台实现位于本地或云端运营的控制、管理、自动化和优化的各种构件，包括 SoMachine、MondiconM580ePAC 控制器、Foxboro、Triconex 和机器自动化。

SoMachine 软件是一款集成 Vijeo-Designer 软件的开放、高效的专业软件解决方案，用于运动控制设备的配置和传送工具，具备对现场总线配置程序、专家诊断功能和故障调试功能，以及维护和可视化等多重功能。

MondiconM580ePAC 控制器是一款基于工业以太网的可编程自动化控制器，其核心优势在于通过先进的 ARM 架构微处理器将标准的以太网嵌入自动化控制器，并将它应用到现场总线、控制总线和内部的背板总线等所有的通信中，以及所有的设备和模块，如配电、低压电路板、能源管理功能等，从而形成一个完整的、真正意义上的开放网络，实现无缝的连接和通信的优化。

Foxboro 系列控制与 I/O 设备能够无缝集成现场总线功能，包括现场总线基础、现场的总线基础控制、HART、PROFIBUS、Modbus。

Triconex 过程安全解决方案为工厂提供全套的安全关键解决

方案和全生命周期安全管理理念与服务，保持企业安全可靠稳定运行与赢利增效的同步。

机器控制可以实现对机器的协调控制或同步控制，适用于各种自动化系统和行业，包括各种自动化包装机器、物料搬运、暖通空调控制、泵控、材料加工控制等。

应用、分析与服务层：EcoStruxure 平台提供对基于开放 IP 协议设备最宽泛的容纳能力，能实现云连接，为控制、监视、远程联网和资产管理的应用、分析与服务的交付提供支持，这些全部都构建在微软 Azure 物联网套件之上。

## 平台应用价值与推广性

施耐德 EcoStruxure 平台提供的基于知识库的解决方案能有效跟踪从电力、水资源到机械运转和人员浪费的各种形式的能耗，福特公司节能增效提高 30%，节省 2% 的能源开支。同时，EcoStruxure 平台依托施耐德全球服务网络，为客户提供有针对性的长期维护方案，使客户全项目周期的潜在价值实现了最大化，完全满足了客户节能、高效的项目需求。

## 案例 12　SAP HANA 平台：中联重科运营优化

### 企业及平台基本情况

中联重科股份有限公司（以下简称“中联重科”）创立于1992年，总部位于湖南省长沙市岳麓区银盆南路361号，主要从事工程机械、农业机械等高新技术装备的研发制造，是一家持续创新的全球化企业。

该公司生产具有完全自主知识产权的九大类别、49个产品系列，800多个品种的主导产品，是全球产品链最齐备的工程机械公司。公司的两大业务板块混凝土机械和起重机械均位居全球前两位。公司注册资本76.25亿元。2016年8月，中联重科在“2016中国企业500强”中排名第255名。2017年9月，中联重科蝉联“亚洲品牌500强”榜单，位列第131名。2017年11月，在“2017年中国大陆创新企业百强榜单”中位列梯级Ⅰ。

### 平台应用需求及平台功能

随着市场竞争的日益激烈，中联重科为实现高效决策，一方面需要对各项业务数据进行实时汇总及可视化展现；另一方面需要一个能够对数据进行抽取、分析和决策的有效工具，以充分挖掘并利用复杂 IT 系统中堆积的各类数据。

另外，中联重科在战略转型探索中逐渐意识到，智能运维服务是企业转型的需要，也是市场发展的需要，研发智能化产品、发展智能运维服务是设备厂商未来的发展定位。中联重科为进一步促进产品智能化改造以及向新服务模式转型，同时也为了提高产品的作业服务质量和运维服务效率，急需构建未来的服务体系。

### 平台部署方式与实施内容

2016 年，中联重科完成构建基于 SAP HANA 高性能数据仓库的决策支持系统，通过工业网络技术促进企业生产、运营、服务的管理模式创新和面向客户的业务流程与经营模式的变革。

搭建平台核心架构：采用 BW on HANA 和 Pure HANA（实时分析）混合部署架构，一方面，利用 BW on HANA 构建统一的数据仓库系统平台；另一方面，Pure HANA 作为实时的数据集市，满足了超大数据量的实施业务报表需求和未来基于内存的创新应用开发需求。

构建高性能计算系统：基于 SAP HANA 的高性能数据仓库平台，显著增强了数据分析性能并加快了从源系统到最终数据展示的数据加载速度，简化运营管理，优化 IT 结构，从而降低总体拥有成本（TCO）。

实现多源数据打通集成：基于已有的 ERP、CRM、QM、CC、CSS 等主营业务信息系统的多维数据源，该平台实现了多系统数据的打通与集成，能够高速处理大量的结构化和非结构化数据，实现实时的数据复制与同步，快速便捷地产出高质量的业务视图和分析结果。

开发智能化管理应用：通过对售前、售中、售后等关键环节的整合与模型构建，涉及分析主题 28 个，实现管理驾驶舱（Dashboard）8 个、多维分析报表（Webi）166 个、数据探索（Explorer）3 个，为公司高层决策者提供实时、有力的战略支持服务，包括“集团销售日报分析”“服务订单全过程监控分析”“管理驾驶舱主题分析”等模块化应用 App。

在智能服务体系构建方面，中联重科与上海理想等企业合作，建设了智能服务平台，完成了主动预警提示、客户自诊断自服务、现场智能诊断和远程专家会诊四层服务体系的构建，实现了面向生产企业、配套销售服务商、产品使用者和机手的全方位用户覆盖和应用，如图 6-14 所示。

为构建中联重科未来的服务体系，中联重科完成了物联互联云平台、CRM 平台、全媒体交互中心平台，以及设备健康管理、农机远程运维新模式等专项智能应用。

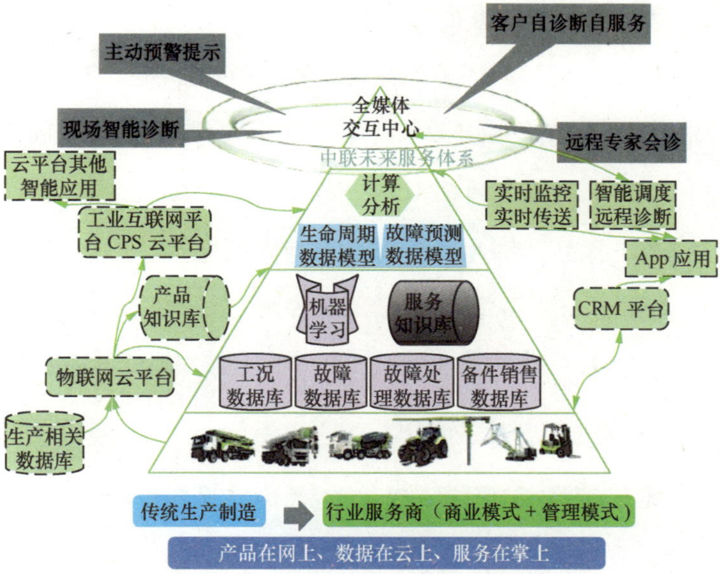


图 6-14　中联重科未来服务体系整体框架

## 平台应用价值与推广性

通过建设工业互联网平台，中联重科实现了实时精准的企业决策支持和智能化管理，加速从传统生产制造业向高端智能制造服务业的转型升级。库龄计算与分析耗时从过去的 5.2 小时降低到 19 秒，提升 1000 倍，达到实时同步抽取；集团主机发货日报从过去数据滞后 2 天降低到 10 秒，实现了多维、随时、全局的数据视图，参与计算数据量达 4.02 亿条；报表平均运行时长 1.8 秒，驾驶舱平均展现时长 3.9 秒。

通过“远程运维服务新模式应用”项目的实施，农机运维成本降低了 20%，生产效率提高了 20%，单位产值能耗降低了 10%，形成了中联重科农机板块未来的服务能力，在未来将扩展至全部产品线，完成中联重科未来服务体系的搭建。

## 案例 13　富士康 BEACON 平台：富士康能源优化

### 企业及平台基本情况

富士康科技集团（以下简称“富士康”）是专业从事计算机、通信、消费性电子等 3C 产品的研发制造，广泛涉足数字内容、汽车零组件、通路、云运算服务及新能源、新材料开发应用的高新科技企业。

在持续增强精密模具、关键零组件、机电整合模组等产品既有技术优势的同时，富士康科技集团积极推动跨领域科技整合，在纳米科技、精密光学、环保照明、平面显示、自动化、半导体设备、云端运算服务等领域均取得丰硕成果。

富士康—清华纳米科技研究中心在碳纳米管可控生长和应

用研究领域，持续取得开创性成果。自主开发的工业机器人“FOXBOT”在业界赢得技术及制造上的后发优势。集团检测中心是 ILAC 国际实验室的合作组织，在 R&D 验证、产品检测、仿真实验、材料实验等方面处于业界领先水平。

## 平台应用需求及平台功能

富士康科技集团作为具有 40 多年制造经验的行业巨轮，在新形势下产生了以下的新需求：

仅仅依靠传统的数据统计与拟合方法已经难以满足海量数据的深度挖掘和决策支持的需要；

随着技术的不断进步和设备的更新迭代，目前的设备型号参数参差不齐，数据参数不统一成为精准数据采集的难点；

大量重复、烦琐的人力工作已经逐渐由机器人代替，同时也产生了大量重复、烦琐的场景问题，需要新的人工智能代替人力进行处理；

在工业互联网时代，企业如何进一步优化供应链、配置资源，如何提高周转率、改善沟通效率、使订单交付过程宏观可视化，已经成为下一个难题。

CorePRO 是富士康工业互联网 BEACON 打造的核心物联网平

台，是资源接入管理、数据采集的解决方案。CorePRO 高效、安全地将海量设备连接至边缘计算及云端，并在核心层（边缘层）和云端进行设备管理与数据存储，结合 BEACON 平台服务对数据做进一步的处理、分析与可视化展现。

影像大数据平台作为工业级影像的智能管理平台，为用户提供自底层影像数据采集至顶层机器视觉应用的整套服务。结合工厂内部生产实例，影像大数据平台所提供的智能化服务广泛应用于生产制程的各个环节。以网络通路产品制程为例，影像大数据平台可提供的海量影像大数据服务主要涵盖了原料管控、智能制造和品质管理 3 个方面。

### 平台部署方式与实施内容

富士康在“云、移、物、大、智、网＋机器人”战略的指导下，成立了富士康工业互联网股份有限公司，全力推动工业互联网平台 BEACON 的发展。依托富士康云，BEACON 平台集成了大数据、人工智能、物联网和自动化技术，结合海量的影像大数据应用，打造跨边缘层、IaaS 层、PaaS 层和 SaaS 层的应用体系，连通设备层、车间层和企业层，以及智能辅助生产者、管理者和决策者，如图 6-15 所示。

图 6-15　富士康 BEACON 平台架构

利用多源传感设备、智能装备，结合各类通信协议接入各类异构设备、系统、产品及影像海量大数据，富士康云及 BEACON 平台实现了工业以太网、工业总线等协议的转换，实时收集、分析与处理生产数据，实现了机器的控制与交互沟通。

BEACON 平台将海量的设备连接到云端，采集关键、有效、微观、纳米数据，再进行数据管理、清洗、分析与建模，结合工业应用场景与工业机理，应用与发布工业数据模型。工业 App 的使用实现了机台的高效连接，智慧设备管理平台可实时监控设备的运行，辅助工程师作业。通过工业机理的数据模型打造专家引擎，训练人工智能学会从智能数据库中进行特征提取和自然语言处理，从而节约人力，提高效率。

BEACON 平台是集设计、制造、销售以及全产业链解决方案于一体的工业互联网平台，可以实现智能化工厂的快速部署。其应用范围广泛，重点应用方案包括预测客户需求、监控销售出货状态、实现动态管理；实时掌握原材料的采购、库存及销售等信息，结合大数据分析、预测原材料价格趋势和供需关系，优化供应链管理效率；智能感知有助于增强生产作业时的程序管控，维持生产线的高产能状态，降低无用资源耗损；加强管控原材料不良分析和追溯、生产产品良品率监控、不良品维修记录及分析；及时收集作业人员、机器设备以及周边环境的安全状态信息，实时掌握生产环境的安全品质等。

### 平台应用价值与推广性

凭借 BEACON 平台，富士康的制造过程实现了设备能耗的实时监控，优化了生产过程中的 2C 排程。平台 SMT 自动送料系统通过智能 AOI 参数修正反馈，实现设备智能保养与防错、SMT 良品率预测等智能化功能。使用 BEACON 平台后，富士康实现制造环节省电 10%，明显减少了设备维护及上料时间，弱化了自动在线测试环节，提高了产品一次性良品率。

## 案例 14　徐工信息 Xrea 平台：徐州工程机械集团运营优化

### 企业及平台基本情况

徐州工程机械集团有限公司（以下简称“徐工集团”）成立于 1989 年 3 月，多年来始终保持中国工程机械行业排头兵的地位，目前位居世界工程机械行业第 5 位，中国 500 强企业第 150 位，中国制造业 500 强第 55 位，是中国工程机械行业规模最大、产品品种与系列最齐全、最具竞争力和影响力的大型企业集团。

徐工集团积极实施“走出去”战略，产品销售网络覆盖 182 个国家及地区，在全球建立了 280 多个海外网点，为用户提供全方位营销服务；年出口突破 16 亿美元，连续 28 年保持行业出口额首位。目前，徐工集团 9 类主机、3 类关键基础零部件的市场占有率居国内第 1 位；5 类主机出口量和出口总额持续位居国内行业第 1 位；汽车起重机、大吨位压路机销量位居全球第 1 位。

### 平台应用需求及平台功能

2004 年，徐工集团尝试开展设备按揭销售业务。为了更好地管理这些工程机械移动资产，经过技术筹备，第一代物联网平台在2005年上线，并帮助徐工集团的按揭销售业务取得了巨大的成功。但随着业务应用推广的深入，该平台也暴露出多方面的不足：

徐工物联网平台在多个事业部独立部署，导致数据层不统一；由于平台分散部署，不利于徐工集团对外统一开展基于互联网的后市场服务；第一代平台已积累了大量数据，但是边缘端采集的数据与业务数据分散在几个不同的数据中心，因此对基于大数据的数据挖掘业务的开展造成了一定的困难；第一代平台的技术架构出现严重的瓶颈，在性能、数据容量、扩展性、安全性等方面均无法满足企业的业务需求，严重制约了业务的发展；面对新的市场变化趋势，服务化转型成为装备制造行业供给侧改革的重要手段，第一代平台主要面向资产管理控制进行的建设开发，在面向终端用户与后市场服务方面存在欠缺。

### 平台部署方式与实施内容

基于工业互联网挖掘机械全生命周期管理的徐工信息Xrea平台是分布式的高性能、高可用、易扩展、易开发和易管理的一体化物联网大数据平台，包含了物联网系统中的各个环节，包括数据接入、数据处理、数据存储和数据交换。目前，徐工信息 Xrea 平台已管理徐工集团 1047 类超过 22 万台设备，年数据存储量达 900TB。其整体架构如图 6-16 所示。

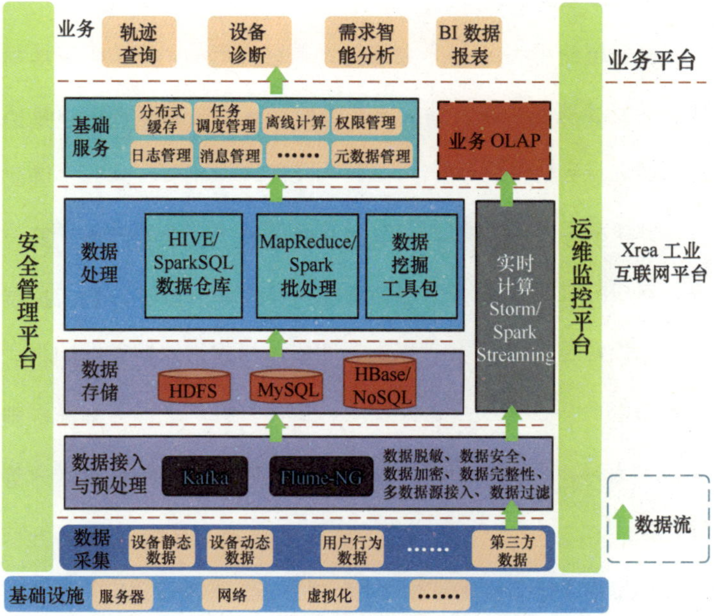


图 6-16　徐工信息 Xrea 平台架构

徐工信息 Xrea 平台从架构上主要分为三层：业务层、平台层和设备层。

业务层通过查询接口获取平台层中已经处理过的数据并进行

展示，提供物联网云平台服务。

平台层基于 Xrea 工业互联网平台，主要提供数据的接入、数据的存储、数据的计算（包含实时计算和批量计算）、数据的交换及监控管理等服务。

设备层使用 X-plore 系列边缘计算终端产品，在边缘端通过协议转换模块，将各类设备的发动机 ECU 与整机控制器 CAN 总线数据进行自动转换与解析，实现了数据盲区补偿、工作时间统计、健康状态分析、地理围栏、动静监测、事件捕获等功能，与平台端协同对设备进行优化管理与数据分析。

徐工信息 Xrea 平台提供的集团级应用为集团职能部门用户提供市场分析、大项目机会发现、指标分析、统计等功能，辅助决策支持，便于集团对产品的市场与服务进行整体管理、宏观把控。

徐工集团信息事业部管理平台为主机生产单位提供物联网注册、安装调试、库存和物流管理、售后服务、风险预警、远程控制、异常报警等功能；主机生产单位使用事业部管理平台进行设备入网、设备监控、设备数据采集与分析、市场分析与风险管控、售后服务管理、产品设计优化改进等工作，如图 6-17 所示。

图 6-17　徐工信息事业部管理平台

X-LINK 徐工在线为经销商、产品用户提供设备监控、维保管理、运营管理、机群管理等功能，可以帮助经销商更好地服务客户群体，提供快速精准的营销和售后服务，帮助各级客户更好地使用、管理徐工设备，创造更大的价值，如图 6-18 所示。

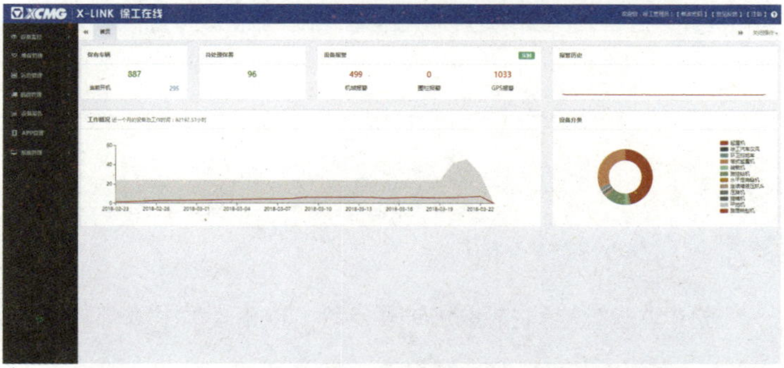


图 6-18　X-LINK 徐工在线平台

### 平台应用价值与推广性

徐工信息 Xrea 平台能够为工业企业在数字化转型过程中遇到的设备连接、工业大数据存储管理、智能分析应用等基础技术难题提供解决方案，极大提高了工业企业转型落地的成功率，实现了个性化定制、服务化延伸、协同化研发、智能化生产，具有极佳的经济效益和社会效益。

徐工集团实施本项目后，通过提高管控水平、降低运营费用的方式，借助物联网技术构筑了产品的数字化管理，以保持全段的过去时态。徐工集团还提高了产品数字化、网络化和智能化水平，实现了从生产型制造企业向服务型制造企业的转变，提高了主动服务的水平，提升了客户服务的满意度，单设备备件销售额平均提升 2 倍以上，故障处理周期缩短 70%，服务成本降低 40% 以上。

## 案例 15　紫光云：苏州华亚智能科技运营优化

### 企业及平台基本情况

苏州华亚智能科技股份有限公司（以下简称“华亚智能”）是由苏州华亚电讯设备有限公司经股份制改造后更名而来，是华东地区最大的精密钣金制造商之一，主要涉及轨道交通、半导体设备、精密仪器、高端医疗器械、智能电网、新能源等行业的生产制造和组装。公司坐落在国家开发区苏州市相城区漕湖经济产业园，占地面积 59800 平方米，厂房面积 63000 平方米。总投资 2.5 亿元，拥有从钣金设计、制作、机械加工、精密焊接、表面处理和装配的完整生产链。

华亚智能经过十余年的努力发展，现已经拥有市级技术中心。华亚智能注重创新，不断推出高新技术产品和创新技术，在 2010 年获得 60 项专利技术，凭借先进的技术、专业的服务和卓越的产品品质赢得了客户的信赖与支持。华亚智能生产的产品除满足国内企业的需求之外，还远销新加坡、欧洲、美洲等国家和地区，与国内外近 60 家大型企业建立了长期友好的合作关系，以质优、价优、服务优三大优势居于行业领先地位。

## 平台应用需求及平台功能

随着华亚智能的发展，以下问题凸显。

多品种少批量：华亚智能具有超多品种、小批量生产的特点，当遇到客户插单、客户需求变更、设备状态异常调整、生产现场计划变动等情况，企业的排产计划无法在统一的平台上协同，也无法及时回答客户准确的交期，造成商务端的困扰。

成本无法细化：目前制造成本不够细化，管理层不清楚每个单类产品的成本和利润，无法给公司的发展做出评估。

设备运行效率低下：因为订单增加，所以公司购置了许多设备以扩大产能，却无法有效监控和优化设备的运行质量。

## 平台部署方式与实施内容

紫光云引擎为华亚智能打造了云上工厂，依托紫光的工业互联网平台，通过物联网、企业云图、成本优化及钣金行业整体解决方案，帮助华亚智能提高了内部的运营效率，加快了客户的响应速度，节约了运营成本，实现了华亚智能制造的全面升级，提升了核心竞争力。

紫光云引擎对设备保养和维护进行建模，对设备中产生的信息进行计算，获得设备整体或某个部件的运行趋势，并提前对设备进行相关的保养和维护。

紫光云引擎基于设备物联采集到的数据，进行数据可视化，保证实时管控现场状况；从顶层设计开始建立华亚智能企业云图，统合运营、管理、客户、设备、计划、生产、品质等全方位的数据，建立统一的沟通平台。

通过构建华亚智能企业云图，企业可以在统一的平台上查看如生产调度、产品跟踪、质量控制、设备分析等管理功能，同时为生产部门、质检部门、工艺部门、物流部门等提供管理信息服务，帮助华亚智能在数字化转型中实现透明制造，如图 6-19 所示。

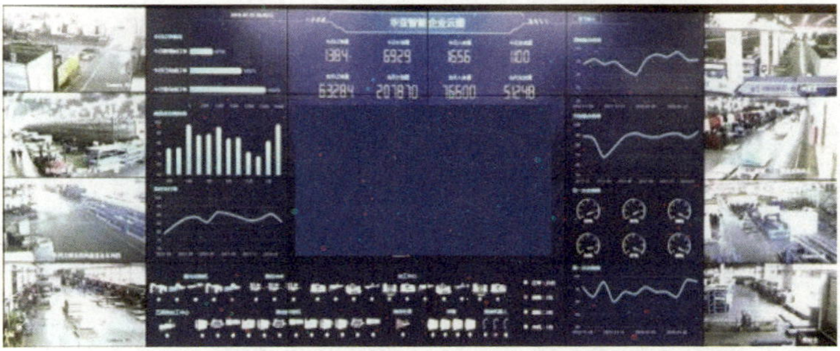

来源：紫光云引擎

**图 6-19　华亚智能企业云图实施效果图**

成本优化模块以生产订单为源头，通过处理特殊轮廓的图形，设定不同的切割速度，减少激光穿孔数量；通过数控冲床零件自动留割、自动共边工艺、热变形计算等工艺优化方法，对现场机台排版生产进行优化，明确每块板材实际的使用情况，得出板材使用率最高的方法，节约了板材原料，实现有效的成本管理。

### 平台应用价值与推广性

华亚智能企业云图项目实现了对设备的预测性维护，延长了设备的使用寿命，降低了设备备品数量。透明制造可以多维度地对企业各节点进行实时监控，便于企业管理者快速制订出符合企业实际需求的发展策略，优化了供应链协同和敏捷制造，为企业的整体战略把控方向。成本优化模块的实施提高了材料的利用效率，节约了板材原料。

## 案例 16　中石油：中油国际管道运营优化

### 企业及平台基本情况

中油国际管道公司负责运营中哈原油管道、中亚天然气管道、中缅油气管道等“六气三油”巨型管道网络，油气管道总里程超过 1.1 万千米，每年管输 9630 万吨油，管输规模占我国现有陆上进口能力的 75%。通过能源通道建设，逐步打造我国与中亚、东南亚国家命运共同体的桥梁。

中油国际管道公司由原中亚管道公司和东南亚管道公司于 2017 年重组整合而成。新公司运营管道里程占集团公司海外管道总里程的 75%，管道输量占 80% 以上，跻身世界管道公司前列。

重组整合后，中油国际管道公司以“保障能源供应，创造和谐共赢”为使命，以“构筑能源丝路，打造高效能油气战略通道”为愿景，大力实施规模化、专业化、国际化的发展战略。预计到 2020 年建成具有世界先进水平的国际化管道公司，全面实现“十三五”规划的目标；到 2030 年率先建成具有全球竞争力的世界一流国际化管道公司。

## 平台应用需求及平台功能

跨国管道公司如何以管道为中心实现管控的透明化，服务于管道的安全、高效、可靠运行，成为摆在跨国管道公司面前的一个难题。

跨国经营模式，对战略与过程指标缺乏全视角掌控，给跨国管控带来巨大的挑战。

数据分散在各个系统（如 SCADA、PPS、PIS、EAM、ERP、OA、HSE 等多个系统），形成数据割裂。战略与过程指标的计算、统计、分析主要依赖人工，数据的及时性、一致性、有效性完全靠人工来保障。

缺乏闭环的数据指标评价方法，缺乏对战略与过程指标实时可视、可控、可分析以及移动应用的技术支撑。

平台采用大数据云端部署方式，利用大数据平台数据融合技术，通过指标分析建立模型，以各种图表的形式展现战略与过程指标的分析结果；通过大屏、PC端及移动终端等应用方式，为不同层级用户提供战略与过程指标浏览、查询、钻取、报表打印、指标预警、报警推送、绩效生成、指标红绿灯、指标排名、对标、多维分析等应用功能。

### 平台部署方式与实施内容

为保证战略与过程指标管控的实现，部署平台时需要关注以下关键要素。

平台必须建立一套使管道安全、可靠、高效运行且管理行之有效的、可度量的战略与过程指标体系，形成指标闭环评价方法。

由于跨国管道运行管理涉及的业务范围广、数据多源、数据海量等，平台需要采用大数据接入技术、多源数据融合技术。

平台建立数据管理标准与数据治理的方案，并依照标准与治理方案将各类数据与原数据进行对照。

需要厘清数据资产情况，建立数据链路关系，并通过大数据平台建立指标分析模型。

平台有机融合管道规划与设计、工程建设、生产管理以及设备运行的海量数据，充分利用大数据融合技术，综合评价管道运行管理的全过程。

大数据平台提供的战略与过程指标的多维度多级钻取能力，能够为管理者或专业人员快速查明问题产生的原因提供技术手段。

平台需要建立战略与过程指标预警报警模型，具备能够按照不同战略与过程指标预警报警的功能，从而向不同的管理角色、设备运维角色进行预警报警信息的推送。

## 平台应用价值与推广性

平台支撑战略与过程指标评价的真正落地，极大地提高了跨国管控指标的透明度，降低了跨国管控的难度，为管理者及时做出管理决策提供了技术支撑。

平台能够打通端到端的数据价值链，使数据统计口径一致，成倍提升了数据传递的及时性、一致性和有效性，减少了大量中间人工环节，极大地降低了管理的运营成本。

平台跟踪支持运行管理的持续改进和绩效提升，实时指导跨国管道公司实施管理决策。

通过与国内外先进管道公司对标，平台综合分析薄弱环节，明确各责任主体的贡献路径。

通过战略与过程指标的分析，平台进一步为管道安全、可靠和高效运行提供保障。

平台为培养和衡量管理人才提供客观依据。

## 案例 17 浪潮 M81 平台：正通煤业人员优化

### 企业及平台基本情况

陕西省正通煤业有限责任公司（以下简称“正通煤业”）成立于 2007 年 7 月，主营业务是煤炭零售。近年来，正通煤业坚持“市场导向、自主创新、重点突破、引领行业”的科技发展战略，加大研发投入，努力突破制约企业发展的关键技术，抢占市场竞争的制高点。

正通煤业负责建设高家堡矿井及选煤厂、铁路专用线、彬长职工公寓、长武煤机园、长武应急避难场所和长武朝阳二路工程项目。正通煤业按照“人均万吨”和“六化”模式确定了矿井定编定员方案，总体是设“三部一室一中心”和 3 个区队（综采队、机电队、通防队），定员 733 人；围绕矸石不上井、煤炭不落地、污水零排放、产洗运一条线，按照“高境界定位、高目标迈进、高标准落实”，努力把高家堡矿井建设成为“布局优、环境美，高科技、数字化，高效率、本安型，高效益、和谐型”的世界先进、国内一流的大型现代化矿井。

## 平台应用需求及平台功能

正通煤业依托浪潮 M81 平台，通过生产安全监测，监控作业环境和设备运行状态；同时，结合作业人员的位置信息和现场视频，形成人员精准画像，精准定位异常节点。

## 平台部署方式与实施内容

浪潮 M81 平台构架主要包括计算资源、支撑平台、应用服务、数字化展示大厅、服务门户等内容。

云计算中心基础设施：依托浪潮云计算中心的软硬件能力，提供云计算基础设施。

浪潮云服务支撑平台：采用浪潮 CSP 云服务支撑平台。

工业软件服务：依托浪潮和合作伙伴的工业软件及服务资源，提供工业软件应用服务及智能制造解决方案。

工业大数据服务：依托浪潮大数据平台，提供大数据解决方案。

数字化展示大厅：依托浪潮云眼，实现工业云平台的数据融合、挖掘分析、可视化展示。

服务门户：面向政府部门、工业企业、服务提供商和运营商的管理门户，包括新闻及资讯、企业展示、供需对接、专家服务、社区服务等内容。

浪潮 M81 平台在工业大数据分析领域打下了坚实的基础，承担了科技部“十一五”“863 计划”在商务智能方向唯一的重点项目——“柔性化的制造业商务智能平台研发”。该项目融合云计算、大数据领域的最新研究成果，研发形成了大数据分析平台，支持云计算应用部署模式，如图 6-20 所示。

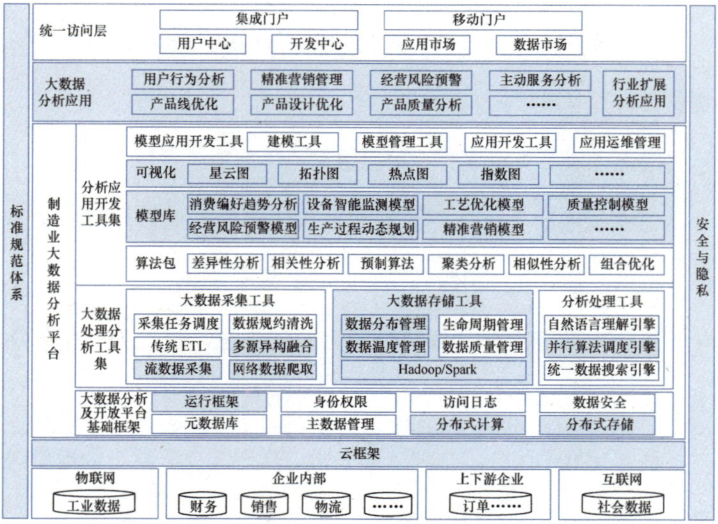


图 6-20 浪潮 M81 平台

与国外厂商 SAS、SAP、IBM、GE 等同类软件相比，浪潮 M81 平台总体上处于追赶阶段，在多源异构数据整合、分析应用柔性化开发、企业大数据的可视化辅助决策和交互式数据分析等方面，取得了众多独创性的技术成果，具有国内领先水平。大数据分析与服务平台内置了浪潮在制造业多年积累的企业战略决策层和运营管理层的通用大数据分析模型及面向多个行业的大数据高级分析模型。更重要的是该平台支持制造企业产业链全流程的数据开放创新业务模式的大数据应用。在业务分析模型和应用模式方面，浪潮 M81 平台比国外软件具有先进性。

## 平台应用价值与推广性

正通煤业基于浪潮 M81 平台实现了 31 个数据源的 2 亿多条数据整合，包括视频、GIS 等非结构化数据在内，每天以 TB 级的数量在增加，这帮助正通煤业构建了企业的智慧大脑。

# 质量优化：在线检测、质量管理

## 案例 18　和利时 HiaCloud 平台：北京和利时电子科技有限公司质量管理

### 企业及平台基本情况

北京和利时电子科技有限公司（以下简称“和利时”）原为北京和利时系统工程有限公司的产品制造中心，是根据集团的战略发展而成立的专门从事生产制造的子公司。

和利时拥有多条世界先进的表面贴装 SMT、波峰焊接插装、组装测试生产线及系统成套设备，生产制造能力已达到同领域先进水平，年产工控类模块近百万个，核电仪表控制、列车控制系统机柜近万余台，多年来一直为一流的工业自动化厂商、铁路及核电安全系统厂商提供优质可靠的产品及系统。

和利时现设有电子装联车间、装调车间、系统制造等车间，全部按防静电标准建造。车间整体环境干净、整洁与敞亮，配有SMT表面组装技术、工艺与设备，采用高精度的仪器仪表、高质量的自产测试设备。

和利时通过了ISO 9001质量、ISO14001环境和OHSAS18001职业健康安全管理体系认证，形成了“以人为本，关爱环境，质量先行，持续改进”为方针的综合管理体系，拥有很强的工艺设计、生产制造和品质保证能力。和利时严格按照工艺文件进行装焊、组装、老化、测试、检验、包装等生产操作，并已通过广核集团、三菱等公司的产线认证。在生产安全管理、职业健康防护措施到位，和利时在为员工的身心健康提供舒心的工作平台的同时，以承担社会责任为己任，在环境保护方面，采取了多项有效措施，为社会积极营造一片绿色环境。

## 平台应用需求及平台功能

过去，以和利时为代表的大型电子装备制造企业面临一系列生产和服务问题：多品种小批量生产模式导致换线时间长、易出差错；未建立有效的产品质量追溯体系；检验测试数据未有效支撑产品消缺与创新；无法获取设备异常与故障信息，影响产品质量和产能；无法获知产品在用户现场的使用状况，售后服务被动。

和利时工业互联网平台（HiaCloud）从和利时自身深厚的自动化背景优势出发，将HiaCloud定位于服务企业生产环节的工厂云、监控云和设备云，提供针对实时数据的智能化应用和可持续改进的增值服务。

广义上的HiaCloud包括工业网关、工业PaaS和工业SaaS，核心是一个工业iPaaS。iPaaS包括基本的数据采集、数据存储、批计算、流计算等基础服务，面向应用的模型、数据、分析、运营及安全服务，以及快速应用构建的应用开发工具和建模工具。

## 平台部署方式与实施内容

HiaCloud平台由工业现场层、工业PaaS平台层和工业SaaS智能应用层构成，如图6-21所示。

工业现场层提供边缘计算服务，实现企业现场各类数据的汇集与本地应用；工业PaaS平台层自下而上包括云基础环境子层、数据服务子层和应用服务子层，建立工业对象模型的虚拟运行空间，并提供API接口和一系列快捷开发工具；工业SaaS智能应用层是基于工业PaaS层开发的各类工业App服务，主要包括资产管理服务和运营优化服务。HiaCloud平台支持部署公有云、私有云及混合云。

此外，和利时还构建了工厂级综合数据集成与应用开发平台

HiaCube，用于过程工业、离散工业、轨道交通、市政设施、能源矿山和工业园区的本地化智能生产与智慧运营。

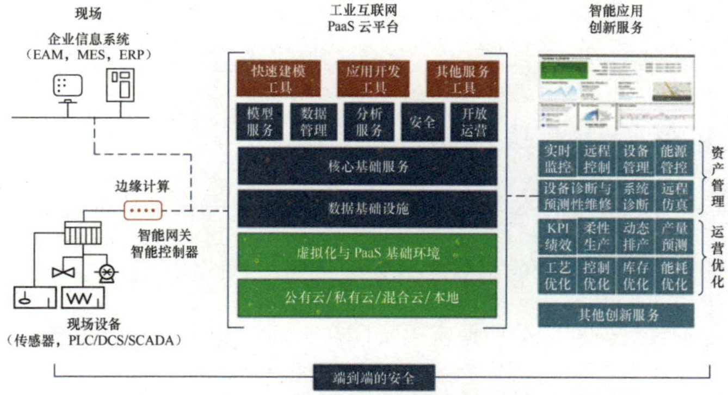


图 6-21　和利时 HiaCloud 平台架构

通过实施 HiaCube 与 HiaCloud，和利时为所有生产装备、产线、材料、产品、工艺以及劳动者建立了对应的信息模型，在数字空间重构了企业的生产、质量、安全和运营维护等场景，并用现场数据驱动数字模型运行，实现 OT 与 ICT 的深度融合。和利时还通过 HiaCloud 为其用户实施电子装备联网，提供全生命周期在线运行优化和预测性维护云服务。

## 平台应用价值与推广性

运用平台后，和利时的产品一次合格率达到 99.5%，产品返修率低于 0.3%，生产效率提升 50%，产能达 158 万模块 / 年，定制产品交付周期缩短到8周以内，售后服务模式也逐步向事前主动给用户发出预警、事中提供远程在线支持转变。

## 案例19　宝信平台：宝钢集团在线监测

### 企业及平台基本情况

宝钢集团有限公司（以下简称“宝钢”）是国务院国有资产监督管理委员会监管的国有重要骨干企业，总部位于上海。子公司宝山钢铁股份有限公司是宝钢集团在上海证券交易所的上市公司，是目前中国最大、最现代化的钢铁联合企业之一。

宝钢的汽车板、造船板、家电板、管线钢、油管等高档产品在国内的市场占有率位于前列，同时也是优质工模具钢、高性能轴承钢、弹簧钢、钢帘线用钢以及航空航天用钢的主要供应商。宝钢建有功能完善的电子商务平台，同时在上海、杭州、广州、天津、青岛、重庆、沈阳等地设立了现代化的钢材加工中心，可以快速响应用户的需求，为用户提供全方位的增值服务。

### 平台应用需求及平台功能

宝钢生产的钢材成品卷的表面质量是最重要的质量指标之

一。产品表面上的任何划痕、孔洞、指纹和凹坑都属于产品质量瑕疵，过去这些表面瑕疵是难以用传统传感器检测的，只能依靠工人手工监测。然而人工检测可能出现人为错误，不利于产品质量的闭环控制。

## 平台部署方式与实施内容

宝钢选择使用宝信平台作为产品质量优化的解决方案。宝信平台主要分成三级架构：第一级是面向工业现场的边缘计算；第二级是部署在云端的大数据平台；第三级是面向企业各种业务的应用系统。宝信平台可根据钢铁制造数据特征和业务要求，实现数据存储、传输和获取的标准化。目前，宝钢已经基于宝信平台，通过现场设备数据的采集和协议转换，打通了企业 OT 层与 IT 层，使数据得以在整个制造系统和 IT 系统之间高效流通。

宝钢通过宝信平台，实现了表检仪的实时分析。首先将生产缺陷以图像形式经表检仪上传到宝信平台，平台参照图像数据库确定产品缺陷等级，然后将这些标定好的图像库通过机器学习算法进行处理，形成缺陷等级分类器，最后将数据传送到现场的边缘服务器上，快速对生产线上的产品缺陷等级进行分类，并发送指令对生产过程进行干预，如图 6-22 所示。

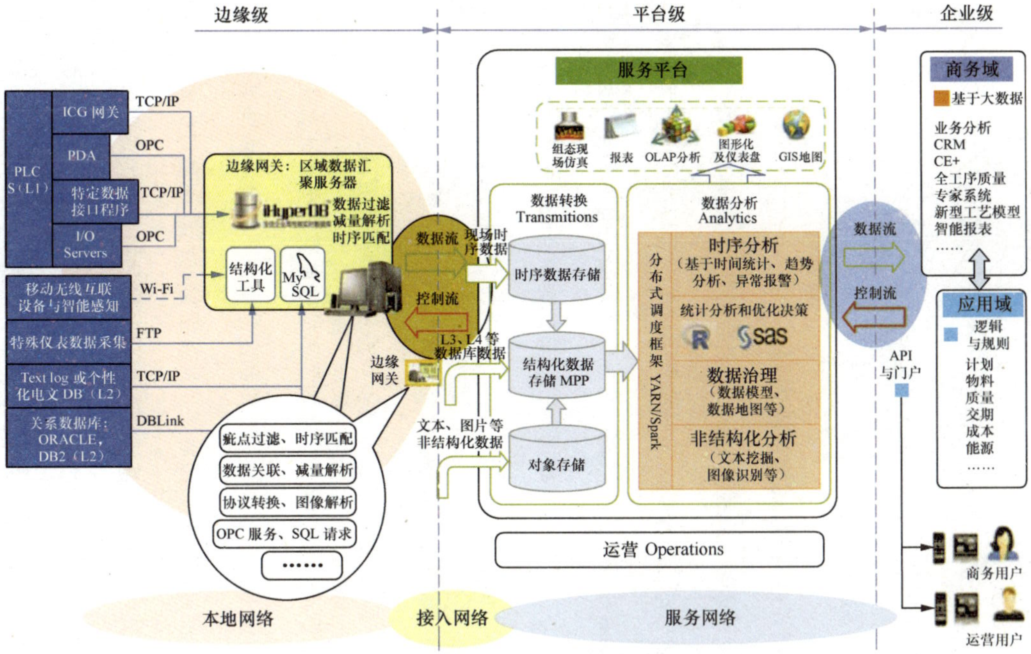
边缘级
平台级
企业级
PLC S（L1）
ICG 网关
PDA
特定数据接口程序
I/O Servers
TCP/IP
OPC
TCP/IP
OPC
移动无线互联设备与智能感知
特殊仪表数据采集
Text log 或个性化电文 DB（L2）
关系数据库：ORACLE，DB2（L2）
Wi-Fi
FTP
TCP/IP
DBLink
边缘网关：区域数据汇聚服务器
数据过滤
减量解析
时序匹配
结构化工具
My SQL
疵点过滤、时序匹配
数据关联、减量解析
协议转换、图像解析
OPC 服务、SQL 请求
……
边缘网关
数据流
控制流
现场时序数据
L3、L4 等数据库数据
文本、图片等非结构化数据
服务平台
组态现场仿真
报表
OLAP分析
图形化及仪表盘
GIS地图
数据转换 Transmitions
时序数据存储
结构化数据存储 MPP
对象存储
数据分析 Analytics
分布式调度框架 YARN/Spark
时序分析
（基于时间统计、趋势分析、异常报警）
统计分析和优化决策
数据治理
（数据模型、数据地图等）
非结构化分析
（文本挖掘、图像识别等）
运营 Operations
数据流
控制流
API 与门户
商务域
基于大数据
业务分析
CRM
CE+
全工序质量
专家系统
新型工艺模型
智能报表
……
应用域
逻辑与规则
计划
物料
质量
交期
成本
能源
……
商务用户
运营用户
本地网络
接入网络
服务网络

图 6-22 宝信平台架构

### 平台应用价值与推广性

凭借宝信平台产品，宝钢实现了对多源、多结构数据信息的融合处理，完成了对生产过程中的钢板进行质量闭环控制，减少了人工的直接参与，降低了工人的劳动强度，减少了出错概率，同时也减少了人力成本的投入。

## 案例 20　阿里云 ET 工业大脑平台：天合光能质量检测

### 企业及平台基本情况

天合光能股份有限公司（以下简称“天合光能”）是全球最大的光伏组件供应商和领先的太阳能光伏整体解决方案提供商，1997 年创立于江苏常州，2006 年在美国纽交所上市。截至 2017 年年底，天合光能光伏组件累计出货量全球排名第一。

天合光能先后在瑞士苏黎世、美国加州圣何塞和新加坡设立了欧洲、美洲和亚太中东区域总部，并在东京、马德里、米兰、悉尼、北京、上海等地设立了办事处，引进了来自 30 多个国家和地区的高素质人才，业务遍布全球 100 多个国家和地区。

天合光能于 2016 年和 2017 年连续两次被彭博新能源财经（BNEF）评选为“全球最具融资价值组件品牌”。

### 平台应用需求及平台功能

光伏产品供应商天合光能在光伏电池片生产质量方面遇到瓶颈。由于光伏电池的生产需要经历表面制绒、扩散制结、腐蚀、清洗、镀膜、丝网印刷、测试分选等多道工艺，数千类维度的数据影响着电池片的成型，面向单点环节的传统工艺参数优化方法难以有效优化生产的整体流程，因此天合光能急需新方法进一步提升良品率。

### 平台部署方式与实施内容

2017 年 4 月，天合光能与阿里云宣布达成合作。2017 年 7 月，阿里云 ET 工业大脑正式入驻天合光能，结合天合光能的实际生产数据，寻找提升电池片光电转换效率的新途径。以光电转化率为标准，其中电池片转化率在 18.8% 以上的为 A 品，天合光能希望借助云计算、大数据、人工智能等技术提高 A 品的比例。借助阿里云 ET 工业大脑平台对光伏电池片生产过程中所产生的物料数据、设备参数、MES 系统数据等进行全面采集，将车间设备、人员、工艺、质量等海量数据输入工业大脑，深入挖掘和关联性分析海量数据，识别出在生产过程中对电池片质量有显著影响的关键环节，提供有针对性的设备参数优化，并在产线实际应用过程中进行对比测试、反复调优，最终提升电池片的生产质量。

阿里云 ET 工业大脑最终在丝网印刷环节捕获到了关键因子。丝网印刷是制作光伏电池电极最普遍的生产工艺，经过前序环节后，电池片已经可以在光照下产生电流。为了将电流导出，就需要通过丝网印刷在电池表面制作正负两极。看似极为简单的一道工艺，背后是复杂的物理化学反应。丝网间距、室内气温、下压压力、丝网间隙等不同维度的数据都在影响丝网扩散的质量。传统的人工经验可以发现两个单独因子之间的关联，而阿里云 ET 工业大脑通过实时、快速的分析计算，可以挖掘出 5 个甚至更多因子之间的关联，远远超出了人力所及，如图 6-23 所示。

## 平台应用价值与推广性

优化天合光能产线的关键环节，可以帮助天合光能实现电池片生产良品率增加 7%，有效促进了天合光能产品整体质量的提升。天合光能下一步将在全部产线上推广，预计可提高年利润数千万元。

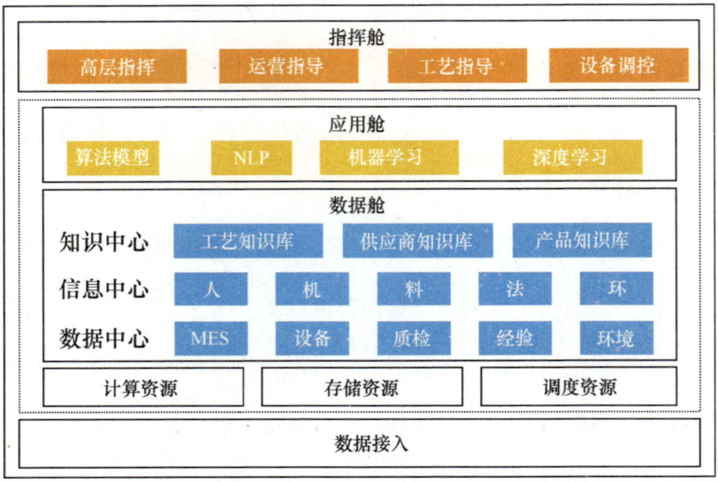


图 6-23　阿里云 ET 工业大脑架构

# 第七章

# 面向资源协同的平台应用实践

资源协同是指有效地使用企业间拥有的资源，协同它们的关系，用系统的观点，在整个系统价值最大化的基础上发挥各种资源的作用，使资源的运作产生协同效用，从而实现总体效益优于各个单独效益之和的一种资源协调形式。工业互联网平台可以实现制造企业与外部用户需求、创新资源、生产能力的全面对接，推动设计、制造、供应和服务环节的并行组织和协同优化。其具体场景包括协同研发、协同制造、供应链协同等。

在协同研发场景中，面向汽车、航空、船舶等特定行业，针对产品高效研发创新的需求，企业依托工业互联网平台整合研发设计数据，部署各类研发设计类软件工具，利用云化研发设计软件和计算资源开展本地产品研发、工艺设计，实现研发设计数据的集成统一，支撑企业组织实施异地研发作业的协同操作和并行工程，并基于云平台的协同能力，建立涵盖复杂产品多学科专业的虚拟样机系统，通过仿真完成系统级的整体评估和验证工作，实现复杂产品的多学科设计优化，缩短新产品研发、工艺设计、工厂布局周期，提高企业研发和设计的效率。

在协同制造场景中，工业互联网平台提供线上核心工业软件服务，实现跨企业的工艺协同，以及以计划为主线的生产全流程（进度、质量）管控。面向制造资源优化配置需求，鼓励企业依托工业互联网平台集聚不同的企业制造能力数据，推进各类工业软件、制造资源的在线调用和共享，开发部署制造能力在线发布、制造资源弹性供给、供需信息实时对接、能力交易精准计费等工业App，提供众包众创、设备租赁、制造能力交易、制造资源在线调用等应用服务，组织实施网络化协同制造，实现制造能力开放、协同与共享，提高制造资源的配置效率。

在供应链协同场景中，基于工业互联网的供应链管理包括计划、采购、制造、配送等。工业互联网平台可以实时跟踪现场物料消耗，结合库存情况安排供应商进行精准配货，实现零库存管理，有效降低库存成本。工业互联网平台通过对生产现场与企业运营管理、资源调度的协同统一，形成面向企业局部的生产过程优化、企业智能管理、供应链管理优化等重点应用，实现内部生产计划与外部供应计划衔接，提高生产效率，降低企业成本。

### 专家点评

工业互联网平台承载着数以亿计的设备、系统、工艺参数、软件工具、企业业务需求和制造能力，是工业资源汇集共享的载体，是网络化协同优化的关键。目前，这些资源在工业互联网平台上主要通过简单的信息交互实现供需对接与资源共享等浅层次应用。未来，随着工业互联网平台全局运行分析与系统建模能力的逐步提升，工业互联网平台将成为全局资源优化配置的关键载体，最终形成资源富集、多方参与、合作共赢和协同演进的制造业生态。

# 协同研发：协同设计

## 案例 21　中船工业船舶工业智能运营平台：黄埔文冲船厂协同设计

### 企业及平台基本情况

中船黄埔文冲船舶有限公司是中国船舶工业集团公司旗下的大型造船企业，由原广州中船黄埔造船有限公司和广州文冲船厂有限责任公司组成，是华南地区的军用舰船、特种工程船和海洋工程设备的主要建造基地，也是目前中国疏浚工程船和支线集装箱船最大、最强的生产基地。

公司现有 3 个厂区。其中，长洲厂区位于广州东南部的长洲岛，毗邻广州大学城和知名的黄埔军校，占地近 70 万平方米，岸线长 3000 米，码头长 900 米，具备 3 万吨级船舶的建造能力，主要产品有军用舰船、各类公务船、海洋救助船及平台供应船等。

## 平台应用需求及平台功能

船舶工业企业在建设研发业务系统的进程中，会遇到研发业务系统的互联互通和集成应用问题，主要体现在以下方面：

船舶企业新产品开发的多项目管理和产品组合管理措施难以落地，通用的研发管理系统难以支持灵活多变的研发流程；

船舶研发过程中的资源流、工件流、专业工作流在不同的管理系统中各自独立运行，无法实现面向产品全生命周期的管理和优化；

船舶研发企业在发展过程中建设了数量众多的工具系统和非标系统，各种系统之间的数据互操作性差，模型一致性差，交互界面风格迥异，迭代优化费时低效；

船舶研发体系的数字化转型面临模型化技术流程、精益化管理流程和端到端知识流程三重叠加的挑战；

船舶企业知识资源分散，过程资产缺乏积累，知识资产随人员流动持续流失。

## 平台部署方式与实施内容

黄埔文冲船厂采用船舶工业智能运营平台实现产业链协同。船舶工业智能运营平台是由中国船舶工业集团公司旗下的中国船舶工业系统工程研究院、中船黄埔文冲船舶有限公司、北京中船信息科技有限公司共同发起，针对船舶研发设计、生产管理、产业链协同等问题，实现基于制造资源云化的供需匹配和基于网络协作的资源优化重组。一方面广泛引入云化社会生产、服务资源为船舶公司所用，以实现降本增效；另一方面把船舶公司的设计、制造等能力用于服务社会，以面向社会释放产能，促进非船业务的发展。

通过船舶工业智能运营平台的应用，黄埔文冲船厂建立了船舶产品模型库，以过程数字化和基于算法的决策智能化为途径，打通船舶产业链各参与方的数据共享通道，积累同船型的工艺数据、制造数据、运营数据、维保数据，动态反馈至设计阶段，促进和实现设计、制造、运维、拆解等环节中设计院所、船厂、供应商、服务商之间的互联互通与协同工作，综合提升产业链效能，缩短设计周期并驱使设计优化与市场需求对接。

借助平台的产业链协同云应用，黄埔文冲船厂实现了大型产品设计制造的跨企业管理，用户包括整个船舶产业链上的各利益相关方：船东、船级社、原材料厂、配套厂、外协厂、供应商、服务商等。此外，动态采集掌握船舶设备运行状态，运用大数据分析帮助船舶企业降低航运成本。船舶精益研发平台架构如图 7-1 所示。

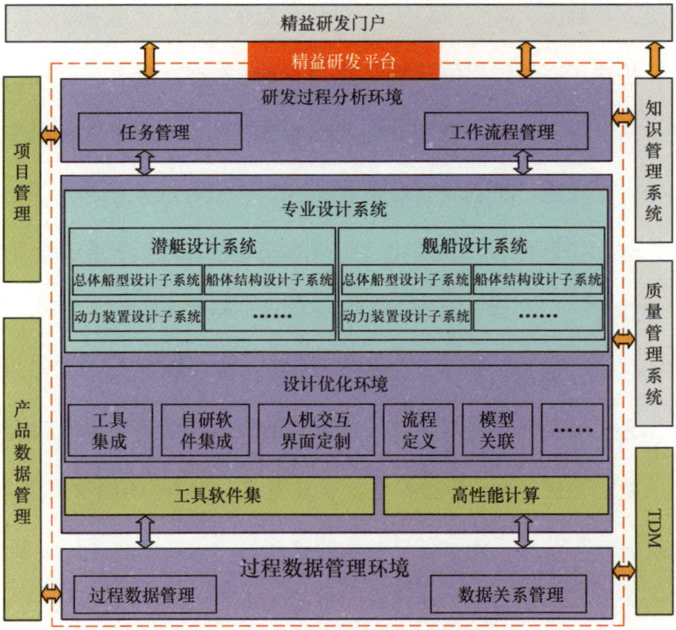


图 7-1　船舶精益研发平台架构

## 平台应用价值与推广性

经过两年的建设，船舶企业完成了精益研发平台的一期建设，覆盖全部设计专业门类及其设计过程，应用价值体现在以下几个方面。

提供了设计优化环境。后台驱动各种软件完成建模、计算、分析、数据处理等软件操作过程，打通了不同工具软件之间的数据流、控制流，实现了跨学科的数据流通。

构建了研发过程的分析环境。一体化管理，全面、实时监控任务与流程，避免了管理与技术的脱节，提高了企业设计流程的执行力，保证了研发的质量和效率。

建立了舰船设计知识体系。整理和挖掘舰船设计经验，将 CAD 操作、CAE 操作、设计经验和知识有机融入设计流程。通过固化设计流程，实现了知识资产的积累和重用。

通过船舶精益研发平台的建设应用，显著提高了型号高效精细的综合管控能力、敏捷的需求响应能力、持续的创新发展能力，以及设计与仿真、测试、试验的验证能力，为舰船先进设计能力向全产业链的扩散奠定了必要的基础。

## 案例 22　索为 SYSWARE 平台：商飞集团协同设计

### 企业及平台基本情况

中国商用飞机有限责任公司（以下简称“中国商飞”）于 2008 年 5 月 11 日在上海成立，是我国实施国家大型飞机重大专项中大型客机项目的主体，也是统筹干线飞机和支线飞机发展、实现我国民用飞机产业化的主要载体。中国商飞注册资本190亿元，总部设在上海。公司所属单位主要有中航商用飞机有限公司、上海飞机设计研究院、上海飞机制造有限公司、上海飞机客户服务有限公司及上海航空工业（集团）有限公司，现有员工超过6000人。中国商飞主要从事民用飞机及相关产品的设计、研制、生产、改装、试飞、销售、维修、服务、技术开发和技术咨询业务，以及与民用飞机生产、销售相关的租赁和金融服务。

## 平台应用需求及平台功能

中国商飞大型客机总体方案在设计阶段面临多种问题，各专业数据零散分布，缺乏数据共享；数据源不唯一，导致专业间设计协作困难；设计过程缺乏主线引导，迭代优化困难且无法追溯。

## 平台部署方式与实施内容

中国商飞将大型客机总体方案综合设计中的部分工作迁移到索为SYSWARE平台，打通了前端设计和后端制造。在平台上以民用飞机技术的经济性要求作为设计输入，向下游提供数字样机基线模型，基于平台形成初步产品结构树，再转入以CATIA/

Windchill 为核心的详细设计平台进行工程化设计，如图 7-2 所示。

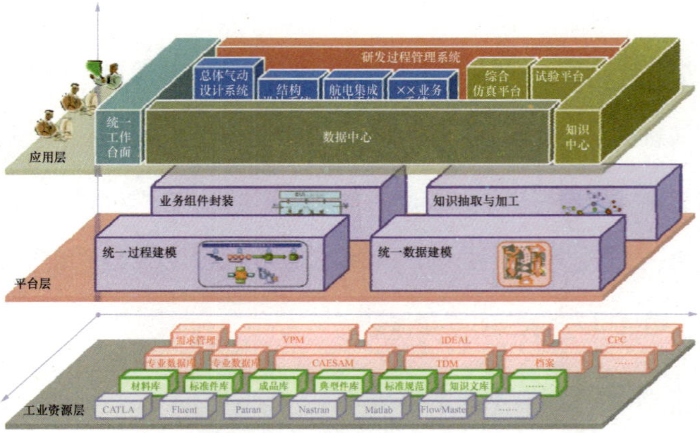


**图 7-2　中国商飞的统一研发平台**

工业资源层即工业基础设施层，既包含 IT 领域的软硬件资源，又包含工业物联网领域的软硬件资源。

平台层包含工程中间件、工业 App 运行 / 开发平台、智能语义标定体系、统一数据模型、统一业务模型、统一活动模型及各类工业软件 / 设备适配器等，不仅通过一套实现工业技术与工业资源的解耦机制，促进形成行业的工业技术体系，还通过知识挖掘形成围绕产品及产品实现过程的各类知识体系。知识体系进一步通过模型化、组件化、软件化，形成可重用的、可执行的工业 App。

应用层包括工业 App 生态环境和产品开发管理环境两大功

能，为工业技术融合建设、复杂工程产品开发提供保障和服务。

### 平台应用价值与推广性

通过使用索为平台，中国商飞实现了设计工具的互联互通和集成，支撑大型总体方案的快速设计和更改，加快了设计过程的迭代速度，提高了总体方案设计过程的整体效率；实现了设计工具的互联互通和集成，提高了总体方案的设计、建模和分析效率，降低了系统的使用门槛；提高了总体设计过程的规范性、可控性、可追溯性。

## 案例 23　云道智造 Simdroid 平台：国电富通

### 企业及平台基本情况

北京国电富通科技发展有限责任公司（以下简称“国电富通”）成立于 2002 年 11 月，注册于中关村国家自主创新示范区丰台园，注册资本 1.5 亿元，是国电南瑞科技股份有限公司的全资子公司，生产基地占地面积约 31500 平方米，办公面积 5200 平方米。现有员工 463 人，其中博士 6 人、硕士 81 人、教授级高级工程师 4 人、高级工程师 41 人。国电富通以高新技术成果为依托，主要从事电力工业节能、节水、环保、高压管件、资源再利用、洁净煤技术、电力化工等产品的研究开发、销售、设备成套和工程总承包等业务，产品畅销全国各地，并打入国际市场。国电富通主要有大直径高温高压管件、锅炉干式排渣系统、双套管密相气力除灰系统、管式皮带输送系统和生物流化床污水处理系统五大类产品，高温高压管件和干式排渣技术达到了国际领先水平，打破了外商的行业垄断，国内市场占有率第一。国电富通近几年开发并产业化推广应用的新技术、新产品，如褐煤提质综合利用技术、煤化工废水处理技术、有机无机杂化纳米 RTV 涂料技术、直流换流阀密闭式水冷系统，均达到了国际先进水平。

### 平台应用需求及平台功能

国电富通属于传统制造企业，产品包含高压管道、大型变电设备冷却系统、煤化工设备等。在产品研发和优化工程中，国电富通迫切需要应用仿真技术，以加快产品研发的速度。但是目前的通用商业仿真软件使用复杂，对使用人员要求很高，难以在短时间内形成有效的仿真能力。

### 平台部署方式与实施内容

基于仿真安卓平台（Simdroid），国电富通根据产品的仿真需求，定制满足个性化需求的国电富通仿真云平台，并在此平台上开发产品研发专用的仿真 App。工作模式为“企业仿真云平台 + 仿真 App”：专业团队开发仿真 App，设计研发人员应用仿真 App。国电富通仿真云平台架构如图 7-3 所示。

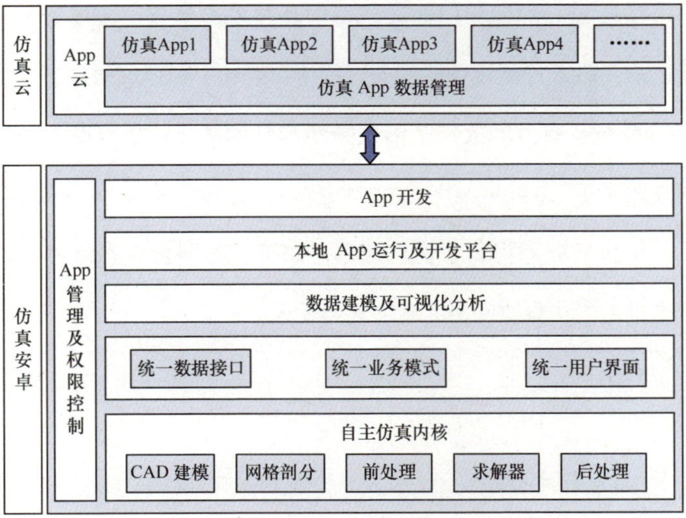


图 7-3　国电富通仿真云平台架构

部分产品仿真 App 由国电富通和云道智造共同开发，在使用过程中，建设了国电富通自有的仿真 App 开发团队。

## 平台应用价值与推广性

基于仿真安卓平台定制开发的国电富通仿真云平台在实际应用过程中，获得了以下效益：

"仿真云平台 + 仿真 App"的模式在企业内部得到了应用，将国电富通长期工作积累的经验和数据软件化、App 化，形成了一批软件资产，避免了部分因人员流动导致的知识损失；

仿真 App 的使用门槛较低将仿真技术简单化，在把仿真技术的应用融入产品设计研发的过程中，替代了部分试验。如闪蒸罐仿真 App 有力地支持了闪蒸罐新产品的优化，将原有的设计周期缩短了 1/3；

平台的应用提高了仿真效率，如管道推制仿真 App 将单次管道推制的仿真时间由 2 周缩短到 3 天。

# 协同制造：制造能力交易、云制造

## 案例 24　智能云科 iSESOL 平台：沈阳机床制造能力交易

### 企业及平台基本情况

沈阳机床集团（以下简称“沈阳机床”）于 1995 年对原沈阳第一机床厂、中捷友谊厂和沈阳第三机床厂资产重组后成立。2004 年以来，沈阳机床并购德国希斯公司、重组云南机床厂、控股昆明机床厂，形成了中国沈阳、昆明及德国阿瑟斯雷本三大产业集群，形成了跨地区、跨国经营的全新布局。产品广泛进入航空航天、汽车、船舶、能源等重点行业核心领域和消费电子等新兴产业，向欧洲、美洲、亚太等地区 10 多万用户提供机床产品和相关服务。

自2007年开始，沈阳机床在政府的支持下，启动核心功能部件数控系统的研发，累计投入研发资金十多亿元，先后攻克了CNC运动控制技术、数字伺服驱动技术、实时数字总线技术等运动控制领域的核心底层技术，于2012年成功研发出具有智能、互联功能的i5智能控制系统。

### 平台应用需求及平台功能

沈阳机床为节省现金流，采用租赁模式投入5000套智能装备，并实时监控各分支工厂的制造流程，提高运维服务速度和质量。

### 平台部署方式与实施内容

iSESOL平台基于装备互联产生的工业数据，提供行业供需对接、生产力协同与产品定制的批量生产服务，打造新制造业态，提高全社会的装备利用率，提升中国制造的核心竞争力。通过iSESOL平台的分时租赁功能，沈阳机床成功构建了设备服务平台，实现了上百台装备接入，提升了设备运行状况及加工效果，并在制造过程中实现了云端远程监控和数据分析，制造工艺得到优化，如图7-4所示。

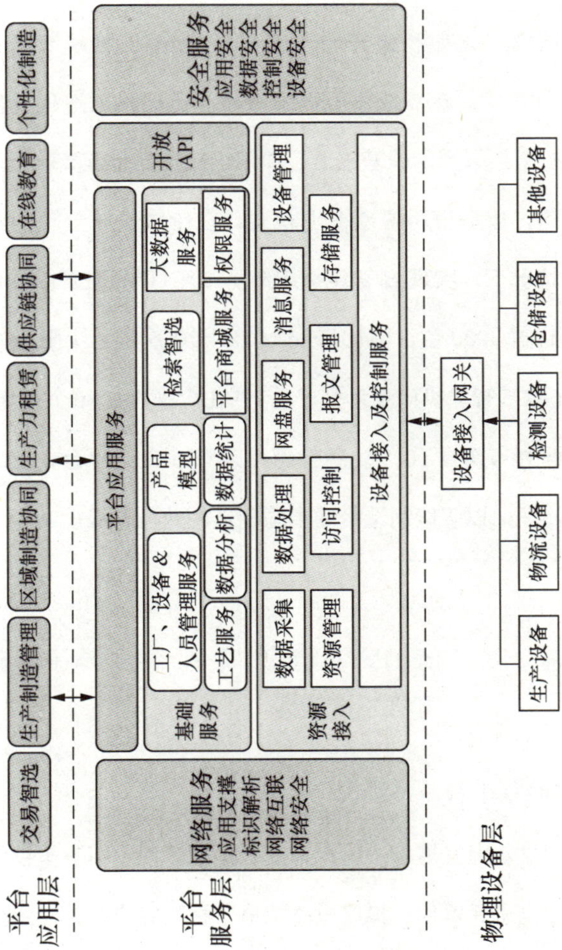


图 7-4 智能云科 iSESOL 平台架构

### 平台应用价值与推广性

2014 年，沈阳机床开始实施“i5”战略，构建智能工厂新模式；2015 年，在完成核心技术突破、迅速推出迭代开发的两个智能机床系列产品的基础上，沈阳机床抢抓智能高端机床市场增长机遇，以融资租赁新商业模式，在传统机床全年同比下降 8.6% 的情况下，实现 i5 智能机床产品市场订单超过 5000 台，实际发货超过 3000 台，同比增长 400%。2016 年，沈阳机床向市场推出 6 款 i5 智能机床全系列产品，并在全国建立 30 个智能工厂，其中在深圳市建立 20 个，并全部接入 iSESOL 云平台，形成一个完整的闭环，以智能制造带动中国制造的转型升级。

## 案例 25　航天云网 INDICS 平台：贵阳电子信息产业聚集区协同制造

### 企业及平台基本情况

贵州省着力发展电子信息产业，构建了以手机、电视机、平板电脑、电子元器件、集成电路、电子材料等产品为主的生产体系，是全国重要的智能终端产品制造基地，也是国家集成电路的重大生产力布局。贵阳市既是贵州大数据特色产业的发展高地，又是全省电子信息产业链的聚集区。

目前，贵阳市发展以大数据为驱动的电子信息产业一方面亟须平台支持，产业聚集区内的大量中小微企业迫切需要基于平台的区域服务模式、协同解决方案及开放的工业 App 的支撑。另一方面，大量电子信息产业的工业运行规律亟待平台化、软件化。

## 平台应用需求及平台功能

航天云网 INDICS 平台帮助企业改造提升，跟上产业发展步伐，解决企业生产效率不高、生产能力不足的痛点；解决因产品柔性化生产、质量提升困难和仓储物流复杂制约行业进步的痛点；解决工业企业普遍存在信息化程度低，大数据分析及利用手段不够，从而制约企业提高获利和持续经营发展的迫切需要解决的痛点。

航天云网 INDICS 平台针对智能制造业的管理难点和需求，为企业提供设计、生产、销售、检验检测、物流供应链、售后等全流程数字化解决方案，解决制造业产品质量管控、库房管理、生产周期控制、生产效率等管理问题。

## 平台部署方式与实施内容

企业因为从事不同的生产和经营活动，所以拥有各类不同的专业设备，如机械加工设备、钣金焊接设备、热处理设备、环境试验设备、铸造锻造冲压设备、计量检测设备、检验检测工具设备等。设备具有“哑设备”和“非哑设备”的功能区分，不同专业设备生产的数据和需要采集的数据各异（异构数据）。因此，不同专业设备数据采集的方式和方法不同，《设备接入云平台的通用技术指南》明确了不同类设备接入的方式和方法，同时明确了采集的 3 类数据内容，即设备（工位）运行数据、设备（工位）异常报警数据和设备（工位）能源消耗数据。同时，可针对“贵、中、大、稀”设备个性化定义数据类型。

单台设备直接接入云平台：“非哑设备”或“哑设备”经过改造，如加装采集器 / 传感器等数据感知设备成为“非哑设备”，通过工业物联网网关，直接接入云平台。

设备通过 SCADA/MDC 系统间接接入云平台：不同设备之间集成并建立监控与数据采集系统（SCADA）或制造过程数据实时采集与数据处理的软硬件系统（MDC），采用 Webservice 技术，调用云平台 API 开放接口，实现不同设备数据上传至云平台，如

图 7-5 所示。

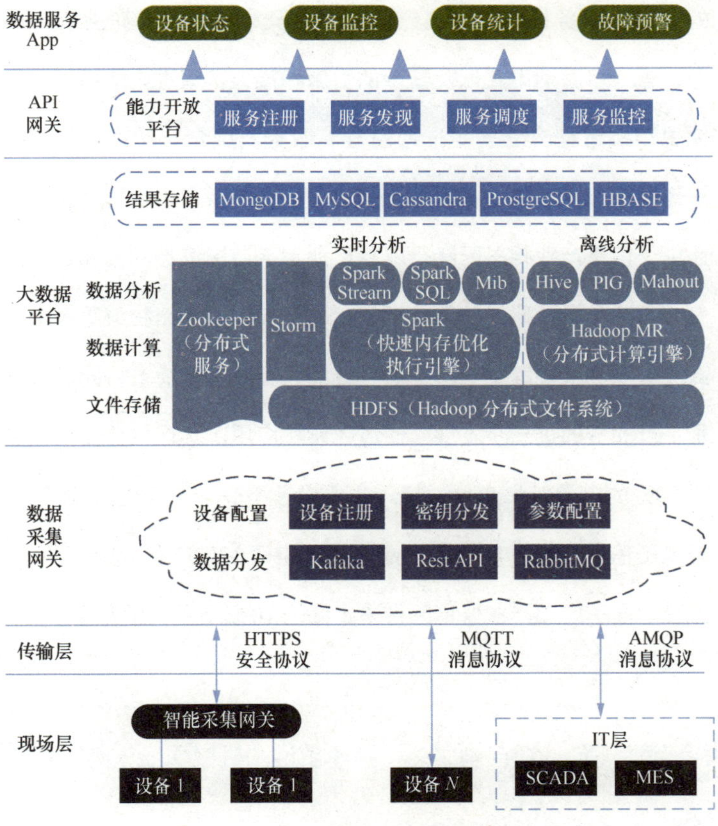


图 7-5　航天云网 INDICS 平台架构

## 平台应用价值与推广性

航天云网 INDICS 平台推进行业内及跨行业资源和能力协同。

一是该平台建立制造资源共享、按需对接、能力交易、产业协同的区域云服务模式，面向行业内企业及产业上下游企业提供服务，进一步激活闲置以及富余的资源和能力，促进企业由原来的纯生产制造型企业向“生产制造+服务”型企业转型，帮助行业形成核心竞争力，提升综合竞争力。二是以该平台为载体，打通电子信息产业相关配套行业及产业上下游的信息鸿沟和数字壁垒，在产品设计研发、采购销售、生产加工、仓储物流等多个关键业务环节实现跨企业乃至跨行业的资源共享和能力协同，拉动整个产业链的进一步发展。通过建设和应用，实现平台接入不少于50%的电子信息企业，接入工业设备不少于30万台，建成贵阳电子信息产业产能地图，建立贵阳电子信息产业专家资源库，为贵阳电子信息产业聚集区带来不低于10亿元的经济效益。

## 案例26　浙江中之杰：斯捷尔传动机械网络化协同制造

### 企业及平台基本情况

斯捷尔传动机械（杭州）有限公司是一家专业从事各类十字块万向联轴器、十字轴万向联轴器及各类农机用传动轴、工程机械传动轴、工业重型传动轴、汽车传动轴开发和制造的厂家，产品广泛用于机械、冶金、化工、农业、汽车等行业。公司 80% 的产品远销美国、德国、日本、意大利、马来西亚、澳大利亚、中东等国家和地区，深受用户的好评。

### 平台应用需求及平台功能

信息孤岛与繁多的物料会造成生产、仓库和财务管理工作的困难，如生产计划的安排、生产产品容易搞错、仓库出入的品种和成本、库存数据不准确，甚至各部门之间对某些半成品零件的叫法不统一等。部门之间的协同效果比较差，生产过程比较混乱。与上游供应商及下游客户的沟通协调也存在很大的时间差和错误率。

采用一云通云端部署，企业可节省硬件和人员投入，软件分期租赁，减轻压力。

各大应用无缝集成，企业根据工厂的实际情况按需随选，打通企业内外部系统，实现各个生产车间的制造协同。

软硬件结合，实现车间执行管理，提高公司流水线品质和在线工艺管理水平，实现车间生产计划、生产进度、品质管控、设备管理的精益化生产。

## 平台部署方式与实施内容

一云通的核心模块是云 ERP、云 MES、云 OA、云条码和云供应链。一云通的快速实施方法是通过对公司的流程优化，让软件在两个月的时间内迅速上线，实现公司的日常业务、采购、物流和生产，顺利地在系统内流转。一云通平台可以约束与管理公司员工、上游供应商、下游客户等关键节点，提高日常业务数据的采集频率，大幅度提高数据的准确性。统一的数据平台让日常的业务数据可以在系统中以报表的方式体现，一目了然地展示给相关的领导和员工。这样，可防止公司进行盲目的采购，对客户交期的管控也提升了很大的一个档次。上线使用后，公司仅采购成本一年就降低了 1000 多万元。

随后，云 MES、云条码、敏捷质量等模块应用上线，公司的生产工艺、工序流转、生产进度、品质控制等与系统结合应用，基本形成了资金流、业务流、事务流、信息流的四流合一。信息化管理系统成为公司快速健康发展的助推器。

## 平台应用价值与推广性

目前，整个公司的业务已经全线打通，从最初的业务下单，到生产环节的跟踪，再到根据物料需求计划核算整个订单的用料、成本等。一云通平台极大地提高了整个公司的运营效率，将每个部门有效地串联成一条线。在使用一云通后，整个公司的业务流程呈闭环状态，保证了信息传递的准确性和及时性。对采购部来说，通过系统的安全库存提醒物料的需求情况，可以及时安排采购，库存周转率提升了 70%，原材料采购周期缩短了 50%；通过系统的汇总功能，由之前的按单采购，逐渐转为预测式集中采购，成本降低了 20%。公司在抛弃以前的系统，转为一云通后，不需要再支付昂贵的服务费和 IT 人员的费用，这种云模式的总体费用低于传统信息化服务模式费用的近 80%，公司经营成本整体下降，利润提升了 20%。

## 案例 27　中国电信 CPS 平台：中建钢构协同制造

### 企业及平台基本情况

中建钢构有限公司（以下简称“中建钢构”）是集钢结构投资、研发、设计、建造、运营于一体的大型国有骨干集团公司，隶属于世界 100 强——中国建筑股份有限公司。公司具有国家建设部颁发的钢结构工程承包壹级、轻型钢结构工程设计专项甲级及中国钢结构协会授予的钢结构制造特级企业资质。公司经营范围遍及华东、华南、西南、华北、华中等区域，辐射东南亚、中东、北美等地，产品结构覆盖建筑、能源、交通、船舶、核电、风电及住宅钢结构等多个领域。

## 平台应用需求及平台功能

中建钢构是中国最大的钢结构产业集团，迫切需要建设平台用以满足装配式建筑新材料高效率、大规模及个性化生产的需要。

中国电信 CPS 平台的构建与实施，一是实现大规模个性化定制新模式。根据客户的需求结合施工现场条件，依托平台完成设计和修改，同步展视 3D 效果并且根据设计结果自动计算材料用量和预估建设费用。数字化设计方案通过平台可直接下达至工厂进行生产，从设计到运维的过程全程可视。二是实现网络化协同制造新模式。充分使用人工智能技术，实现总部智能决策与任务分配，协调五大制造基地的任务和过程管控，实现供应商和客户设计交互与进度跟踪，实现设计、供应、制造和服务环节并行组织和协同优化。

## 平台部署方式与实施内容

中国电信 CPS 平台以生产线数据采集与设备接口层为基础，以建模、存储、仿真、分析的大数据和云计算为引擎，实现各层级、各环节数据的互联互通，打通从生产到企业运营的全流程。

中国电信 CPS 平台架构包括通信层、应用开发层和应用展现层：在通信层，使用工业 PON 或移动通信方式，可将采集到的数据传输到云平台；在应用开发层，基于数据集成与大数据存储，通过先进的业务计算模型和科学的分析方法，优化业务逻辑，生成平台应用功能，同时提供拖拽式开发界面，实现快速构建应用；在应用展现层，支持 PC、手机、大屏、看板等不同界面的展现，并通过接口与企业其他业务系统进行交互，如图 7-6 所示。

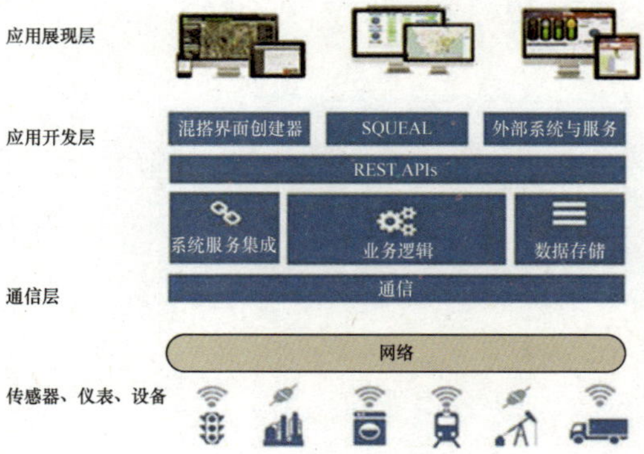


图 7-6　中国电信 CPS 平台架构

## 平台应用价值与推广性

借助 CPS 平台，中建钢构现已初步实现数据汇聚、大数据存储、数据安全保障、工业数据清理和分析及工业数据展现和应用的能力，预计平台全面上线后，中建钢构可实现生产效率提高 20% 以上，运营成本降低 20% 以上，产品交付周期缩短 20% 以上，产品不良率降低 20% 以上，单位产值能耗降低 10% 以上。

# 供应链协同：供应商提前介入、供应商集成

## 案例 28　美云智数 MeiCloud 平台：美的供应商集成

### 企业及平台基本情况

美的集团是一家领先的消费电器、暖通空调、机器人与自动化系统、智能供应链（物流）的科技集团。

美的集团提供多元化的产品和服务，包括冰箱、洗衣机及各类小家电的消费电器业务；家用空调、中央空调、供暖及通风系统的暖通空调业务；以德国库卡集团、安川机器人合资公司等为核心的机器人及工业自动化系统业务；以安得智联为集成解决方案服务平台的智能供应链业务。

美的集团于 1968 年成立于中国顺德，现总部位于广东顺德

北滘新城内，已建立遍布全球的业务平台。美的集团在世界范围内拥有约 200 家子公司、60 多个海外分支机构及 10 个战略业务单位，同时是德国库卡集团最主要的股东（约 95%）。

## 平台应用需求及平台功能

家用空调南沙工厂（以下简称“南沙工厂”）经过美的“632 系统”的信息体系改造，制造过程的大部分业务已基本实现了信息采集，目前主要存在以下问题和改善需求：

上下游供应商和客户的信息未能实现贯通，实时的生产信息不能传递到上游链条，存在断点，需要增加库存满足生产及交货需求；

信息化与自动化需要进行融合，单点的自动化信息系统需要进行人工干预，存在效率和人工的浪费；

系统收集了大量的生产过程信息，需要通过大数据分析，利用信息系统对效率与成本进行改善。

因此，南沙工厂启动了智能制造项目。

## 平台部署方式与实施内容

南沙工厂的应用模式包括以下结构。

应用层：在本地信息的采集上，采用快速响应的客户端 C/S

模式，在管理人员的使用端，采用 B/S 的免安装模式。

数据层：支持集中式和分布式管理，系统自动根据网络和系统负载情况，自动调整数据存储层。

物理层：使用自主研发的智联宝产品，通过 COM、RS232、RJ45、I/O 等接口与硬件设备进行对接。

南沙工厂从制造的精益管理的角度出发，分别梳理了生产、物流、品质的管理流程，并实施了以下方案。

生产流程：以生产透明、总部装拉动为核心，实现部装工厂的 MO 票（价值流）拉动生产，实现关键零部件（如压缩机）的投料防呆防错；同时，根据生产进度拉动配送到线边仓库，根据实际消耗恰时配送。

物流流程：以精益物流为基础，从供应商发货到入场接收，品检投料实现了整个环节的透明化拉动式管理，通过实时共享生产进度，供应商根据生产进度恰时配货到厂，从而降低了整体供应链的库存，实现了成本的下降。

品质管理流程：全面的品质管理系统，包括物料的供方品质检验、来料的品质检验、在制品生产过程的检验、成品的下线检查以及过程的关键物料的防呆防错等。

智能联机：针对数据采集设备、注塑设备、高冲设备实现了智能数据采集及管控，以工单为基础，监控设备的运行情况及相关参数，实现设备异常的自动预警，避免批量事故。

智造管理：对生产、物流、品质的异常管理，中控大屏实现了数据透明及生产数据的预测分析，对异常进行预警、报警，并利用 App、穿戴设备等工具推送到责任人，规定责任人的解决时间，及时解决生产的异常问题。

## 平台应用价值与推广性

美云智数智造 MES 为南沙工厂实现了物流、生产和品质的全流程管理功能，实现了设备自动化、生产透明化、物流智能化、管理移动化和决策数据化的“五化”目标。同时，美云智数智造 MES 通过采集制造过程的信息，配合大数据分析及人工智能，将全过程信息透明化，对生产异常实现了事前预警、事中管理，实现了前瞻性决策，为相关企业的智造管理带来了质的飞跃。美的集团通过实施智能制造项目，并经过业务的持续改善，最终经过内部审计，主要实现以下提升：提升制造综合效率 33%；减少生产损耗 68%；改善产品品质 10%；降低原材料 / 在制品库存 90%；缩短物料提前期 61%；减少物流损失工时 58%。

## 案例 29　北汽集团：京津冀协同供应商集成

### 企业及平台基本情况

北京汽车股份有限公司成立于 2010 年 9 月 28 日，由北京汽车集团有限公司、北京首钢股份有限公司、北京市国有资产经营有限责任公司、现代创新控股有限公司、北京国有资产经营管理中心和北京能源投资（集团）有限公司共同发起组成，注册资本 56 亿元，员工总数超过 22000 人，是北汽集团乘用车整车资源聚合和业务发展的平台，是北京市政府重点支持发展的公司。

北汽集团在 2016 年世界 500 强企业排名第 160 位，年营业额达 549 亿美元。2016 年 8 月，北汽集团在“2016 中国企业 500 强”中排名第 36 位。2017 年，北汽集团在世界 500 强企业排名第 137 位。2018 年，北汽集团在《财富》世界 500 强企业排名第 124 名。

### 平台应用需求及平台功能

中国汽车制造业正在实现由弱到强的跨越，面临着促进产业转型升级、抢占国际竞争制高点的紧迫任务。同时，汽车向多元化方向发展，智慧、生态、绿色、共享化的发展趋势，引领汽车产品研发、生产、运维、服务等全生命周期各环节的业务变革。

面对这些变革，北汽集团提出以推进供给侧结构性改革为主线，结合实施“中国制造 2025”和“互联网 +”，通过信息技术与制造业深度融合，打破信息孤岛，促进制造资源、数据等集成共享。

北汽集团贯彻落实国家“京津冀一体化”发展战略，构建以用户个性化定制需求为入口，从产品研发、云采购、区域协同智能化生产制造，到销售网络、售后增值服务、车联网、共享出行的全价值链打造核心竞争力，利用工业互联网的能力打穿中间环节屏障，整合全区域协同制造能力，力争打造出具有国际竞争力的自主品牌产品，并将沉淀的能力通过工业互联网对内、对外释放，带动区域的产业发展。

## 平台部署方式与实施内容

北汽集团构建以北京研发基地为核心、以河北黄骅汽车制造基地和廊坊区域动力总成制造基地为支柱的制造体系、以海纳川为零部件供应商的供应链系统，形成支撑“北京研发、京津冀制造、全球供应”的跨区域联网协同制造的工业互联网平台。

北汽集团利用工业互联网平台的能力，对海量的车联网大数据进行存储和分析，为存量车主服务、新车研发改进及相关区域的售后服务产业提供强大的信息服务支撑，建立跨产业的互联网生态圈，关联供电服务、地理信息服务、生活信息服务、金融服务、医疗服务等多种服务类产业，构建全区域汽车产业服务化、延伸化体系，如图 7-7 所示。

### 平台应用价值与推广性

通过工业互联网云端平台，北汽集团与行业上下游整合联动，实现社会化分工与协作，设计协同、供应协同、仓储协同和物流协同，并实现产品的分布式制造，这将助力企业重塑供应链、产业链、生态链和价值链，推动企业供给侧改革和激发新的效益增长极，为同类型的制造企业形成示范带动效应。

北汽集团在推动行业产品设计模式转变方面，针对“异地研发、协同制造、资源共享”的实际需求，重点解决产品模块化设计、个性化组合的具体问题。

北汽集团在推动行业产品生产模式转变方面，针对跨区域联网智能制造的实际需要，为实现网络化协同制造转变，重点提高汽车行业的柔性制造能力和推动行业供应链协同运作模式的转变。

北汽集团针对跨区域联网智能制造需求，围绕具体车型在网络化协同制造过程中的零部件需求，重点解决多生产基地、多家供应商的协同运作问题。

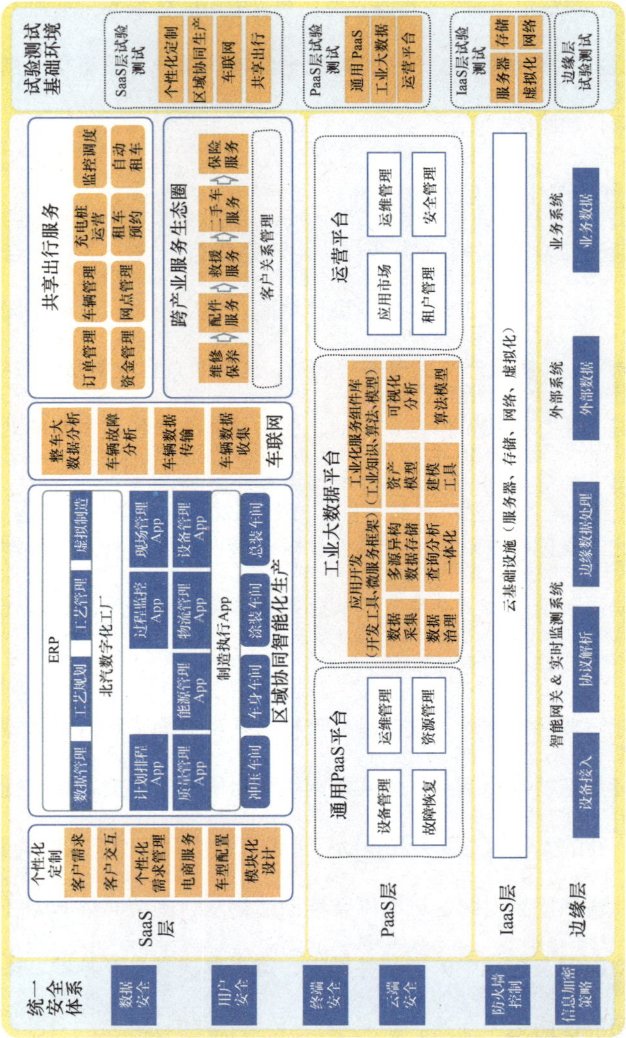


图 7-7 北汽集团京津冀供应商协同集成平台

## 案例 30 树根互联根云平台：久隆保险供应链集成

### 企业及平台基本情况

久隆财产保险有限公司（以下简称“久隆保险”）成立于 2016 年，是中国保监会批准的首家服务于装备与装备制造行业的专业保险公司。公司由三一集团、珠海大横琴投资有限公司、珠海铧创投资管理有限公司等 15 家股东共同发起成立，注册资本 10 亿元，总部位于广东珠海横琴自贸区。自成立以来，公司发展态势良好，保费及客户规模稳步增长，截至 2016 年 12 月 31 日，实现年度保费收入 5634 万元。

久隆保险围绕客户利益与价值提升研发出的一系列创新性产品与服务，屡获权威部门认可。“风电企业融资履约保证保险”产品荣获《证券时报》颁发的“2016 年度值得信赖保险产品方舟奖”。同时，久隆保险还入选新浪财经发布的“2016 最具发展潜力财产保险公司”。

### 平台应用需求及平台功能

工业互联网平台在定价、风控、监管方面拥有显著的业务优势。应用工业互联网技术，可以帮助银行全面监控抵押物，及时了解供应链上下游企业的经营状况；还可以帮助保险公司掌握车辆或特种设备的健康状态、车辆驾驶员的行为习惯，实现精准定价。树根互联与久隆保险、三湘银行紧密合作，将工业互联网技术与大数据分析应用于动产融资、UBI 保险等领域，推出相关服务。

## 平台部署方式与实施内容

根云平台总体架构，如图 7-8 所示。

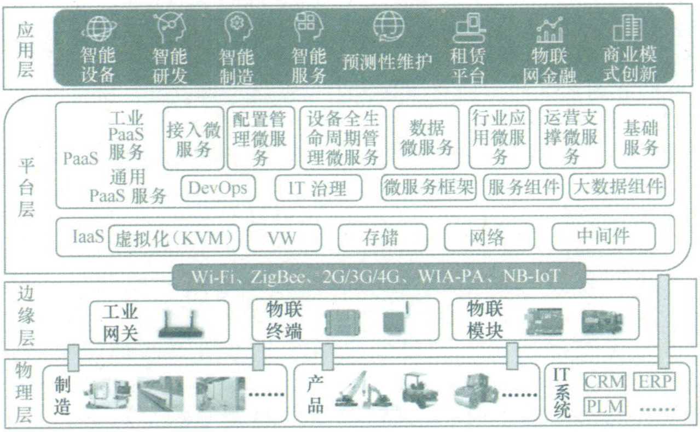


来源：树根互联

**图 7-8　根云平台总体架构**

关键设备及零部件数据的采集与分析。以挖机数据和维修换件数据为基础，完成数据的评估和分析，针对设备使用情况与设备故障维修情况进行大数据挖掘与建模，确定挖机设备的质量评估指数。

根云平台基于数据分析确定产品定价。根据模型成果开发用于精算定价与风险选择的数据产品，在用户使用场景、风险管理上为保险公司的精算和产品研发部门提供技术、数据及运营支持，并根据挖机设备的质量评估指数，结合其他变量信息，帮助其完成 UBI 产品及延保产品的定价。

根云平台提供多级灵活的数据服务，包括数据清洗与管理服务、设备工况画像分析服务、设备维保画像分析服务，以及基于工况、维保数据、保险经验建立质量评估指数或维修概率预测模型，进而提供分析服务。

### 平台应用价值与推广性

从保费规模、利润、承保机器数量出发，明确适合开展业务的机器类型。对开展业务的设备，其设备维修费用及利润比例都可以明确分析与排序，并指导保险公司对每档进行精准定价。

# 第八章
# 面向服务创新的平台应用实践

工业互联网平台可以将产品设计、生产、运行和服务数据进行全面集成，以全生命周期可追溯为基础，在营销环节实现供需对接，在服务环节实现远程运维，并通过生产与使用数据的反馈改进产品设计。当前其具体场景主要有产品溯源、精准营销、远程运维等。

在产品溯源场景中，工业互联网平台借助标识技术，对某些产品的历史、应用或位置以“正向可跟踪、反向可追溯”为目标，建立涵盖产品生产、检验、储运、销售、消费、监管等各环节的信息记录、存储、跟踪系统组成的有机整体。其目的在于通过产品溯源体系的运转，综合形成产品档案，实现对产品来源可追溯、生产可记录、去向可查证及责任可追究，强化全过程质量安全管理与风险控制，为全生命周期管理应用提供支撑。

在精准营销场景中，工业互联网平台实现企业与用户的无缝对接，进行海量数据的存储、数据挖掘和可视化呈现，进行用户画像分析，建模锁定精准人群后进行精准引流，从而形成满足用户需求的个性化定制方案，提高产品价值，增强用户黏性。工业互联网平台以服务个人用户消费为主转向服务生产性应用为主，导致产业模式、制造模式和商业模式的重塑。

在远程运维场景中，面向离散行业外售工业产品的服务增值需求，企业依托工业互联网平台采集高价值智能装备或产品的运行数据、使用状态和地理位置等信息，推动各类装备或产品的智能化联网和平台化集成，开发部署运行监测与分析工业App，提供相关的系统解决方案，实现远程监控、故障诊断、预测性维护等远程运维服务应用，实时追踪并优化各类装备或产品运行状态，提高设备运维效率和产品服务价值。

### 专家点评

工业互联网拉近了产业链上游与下游在交流方面的距离，支持企业基于用户精准营销和设计，提供产品全生命周期服务，推动服务型制造业快速发展，构建了企业与用户无缝对接的平台。在工业互联网环境中，生产系统智能化和生产设备网络化水平不断提高，支持设计、生产领域的企业能够迅速响应使用者的需求。越来越多的制造企业探索“与用户交互、让用户评论、最终由用户定义”的工业互联网应用新模式，以企业产品和技术为核心的传统制造模式加速转变为社会化和用户深度参与的新型模式，提升了企业创造价值的空间。

# 产品溯源：产品追溯

## 案例 31 GE Predix 平台：美国 GE Aviation 产品追溯

### 企业及平台基本情况

通用电气公司（GE）是世界上最大的多元化服务性公司之一，目前拥有 8 个业务集团和 9 个全球研发中心，业务遍及全球 180 多个国家和地区，拥有 30 多万名员工，占据了全球 40% 航空发动机、50% 燃气轮机、20% 影像诊断设备的市场份额。近年来，GE 通过收购、强化软件能力及全面布局数字化，将数字技术与其在航空、能源、医疗和交通等领域的专业优势进行结合，向全球领先的工业互联网公司转型。

通用电气航空（GE Aviation）是美国通用电气集团旗下的子

公司之一，总部位于俄亥俄州埃文代尔。通用电气航空是全球商用飞机发动机的主要生产商之一，其竞争对手包括劳斯莱斯和普惠。除此之外，GE 航空也与法国的斯奈克玛（Snecma）以合资的方式共同拥有 CFM 国际公司。

### 平台应用需求及平台功能

当前，工业经济低迷、内生增长动力不足正困扰着国家主要经济体。

一方面，工业生产效能和利润增长乏力。不论是重型设备还是消费品的制造，都面临着市场饱和甚至萎缩后的定价压力和利润缩水，而不断变化的定制需求挑战着产品和设备传统的生产效率。另一方面，生产企业关于环境和安全的审查越来越严格。特别是能源石化等行业，不断趋向严格的环境标准意味着生产成本的增加。

GE 发现，现今的行业竞争不只来自工业行业（如罗克韦尔自动化、西门子、联合科技等传统竞争对手），真正的威胁还来自行业以外的领域。其中，最明显的威胁来自互联网行业，因为不少传统行业已经被互联网巨头彻底颠覆了：Google、facebook 颠覆了传统媒体和广告的商业模式，亚马逊重新定义了零售行业，而 Airbnb 在全球住宿领域开启了分享经济的时代。

此外，通信领域巨头（Cisco、AT&T）、软件领域巨头（Microsoft）以及解决方案巨头（IBM）等，也都对工业领域虎视眈眈。还有一群创业公司也在伺机而动，这些创业公司没有数字化转型的压力，可以像互联网企业一样轻装上阵，产生颠覆效应。

在未来，传统企业必须进行数字化转型，并学会萃取产品中的数据价值（通过分析预测优化产品和服务），否则难以应对数字领域企业的跨界竞争。

## 平台部署方式与实施内容

GE Predix 平台采用数字孪生技术，将工业设备的运行细节信息，通过部署的传感器采集数据，然后通过数据运算形成“数字化映射”（3D 建模），企业可以在数字化映射的基础上进行生产操作的模拟演练，也可利用“增强现实”技术实现真实世界与虚拟设备的混合模拟测试，最终根据测试结果优化产品和操作流程。

数字孪生技术通过物理机械和分析技术的融合，使工业领域的产品生命周期管理（PLM）流程延伸到设备生产、操作的现场，不仅满足设备的预测性维护需要，还能追溯下一个设备的设计周期，以此建立一个完整、闭环的“设计—制造—运营—优化”的产品周期。

### 平台应用价值与推广性

GE 公司使用 Predix 平台助力发动机的设计优化，平台首先采集和分析产品交付后的使用数据，依托大量历史积累数据的分析和航线运营信息的反馈，优化设计端模型、参数和制造端工艺、流程，通过不断迭代实现了发动机的设计改进和性能提升。

## 案例 32　海尔 COSMO-IM 平台：海尔家电产品追溯

### 企业及平台基本情况

海尔集团创立于 1984 年，是全球大型家电品牌，目前已从传统制造家电产品的企业转型为面向全社会孵化创客的平台。在互联网时代，海尔致力于成为互联网企业，颠覆传统企业自成体系的封闭系统，变成网络互联中的节点，互联互通各种资源，打造共创共赢新平台，实现所关联的各方共赢增值。

### 平台应用需求及平台功能

在传统生产模式下，海尔的一个成品在生产过程中需要经过 OMS（订单管理系统）、OES（原装配件供应商管理）、APS（高级生产计划排程）、ERP、MES、WMS、LES 等多套系统。系统间信息互联互通不充分导致出现如下问题：生产过程中对资源制约因素无法量化或可视化；从订单排程到生产制造中间有多个环节需要人工沟通，造成时间上的浪费和信息的不对称；生产过程中的异常，上层系统无法实时响应，导致异常停线时间超出预期；物料信息不匹配，无法支持智能拉料；上游供货信息与生产信息不对称，间接导致提前备料，增加库存成本等。

COSMOPlat 平台共分为 4 层：第一层是资源层，开放聚合全球资源，实现各类资源的分布式调度和最优匹配；第二层是平台层，支持工业应用的快速开发、部署、运行和集成，实现工业技术软件化；第三层是应用层，为企业提供具体的互联工厂应用服务，形成全流程的应用解决方案；第四层是模式层，依托互联工厂应用服务实现模式创新和资源共享。海尔 COSMOPlat 平台架构如图 8-1 所示。

### 平台部署方式与实施内容

工厂数据互通互联：为了实现各系统间数据的互联互通，加强生产过程中的信息共享能力，提高生产效率，降低库存成本，海尔集团启动了 COSMO-IM 项目，打造适应大规模定制生产模式的 MES 系统，通过 COSMO-IM 平台整合生产相关系统，如 PLM、ERP、SCADA 等。基于业务系统整合与集成，完成了制造端统一的业务处理和统一的数据流转。

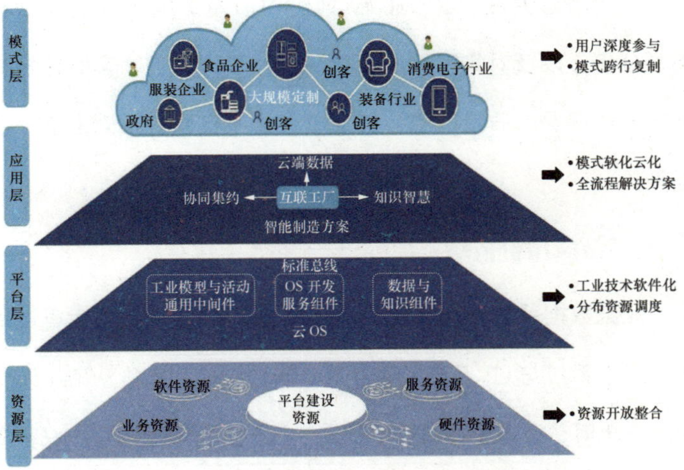


图 8-1　海尔 COSMOPlat 平台架构

物料智能管理：COSMO-IM 集成 SRM、WMS、HMQM（来料质检）、GVS（收货）等系统，通过对业务数据的打通以及业务流程的整合，由以前的外部物流集中入厂，变为当前基于生产计划安排外部物流有序进厂。

生产数据可视化：COSMO-IM 一方面可实时掌握各互联工厂的生产执行情况，实现全面的可视化，达到对内可以满足集团、工厂及各职能部门的管理需求，对外可以实现用户个性化定制的订单全过程追踪；另一方面通过设备报警和预警显示，闭环处理报警的问题，实现快速排除故障及设备预测性检修。

生产质量追溯。COSMO-IM 通过对质量影响因素的识别与关联分析，以及对集团级质量控制和过程的追溯，实时监控和分析质量状况、质量问题，使订单合格率在原有基础上进一步提高。

### 平台应用价值与推广性

业务数据系统与制造执行系统之间的数据自动流转率达到 100%，IT 系统与 OT 系统互联互通，制造端库存备货从 T+1 天降为 T+2 小时，设备整体利用率提高 35%，交付周期缩短 50%，新工厂的原材料仓库占地面积缩小 60%，设备停机时间减少 20%，订单合格率提高 2%。

## 案例 33　歌尔集团平台：歌尔产品追溯

### 企业及平台基本情况

歌尔集团经营分析平台如图 8-2 所示。

智能传感器作为信息时代的感知层，是海量数据的接收和传递信息的入口，是实现智能产业和智能社会的关键支撑。《中国

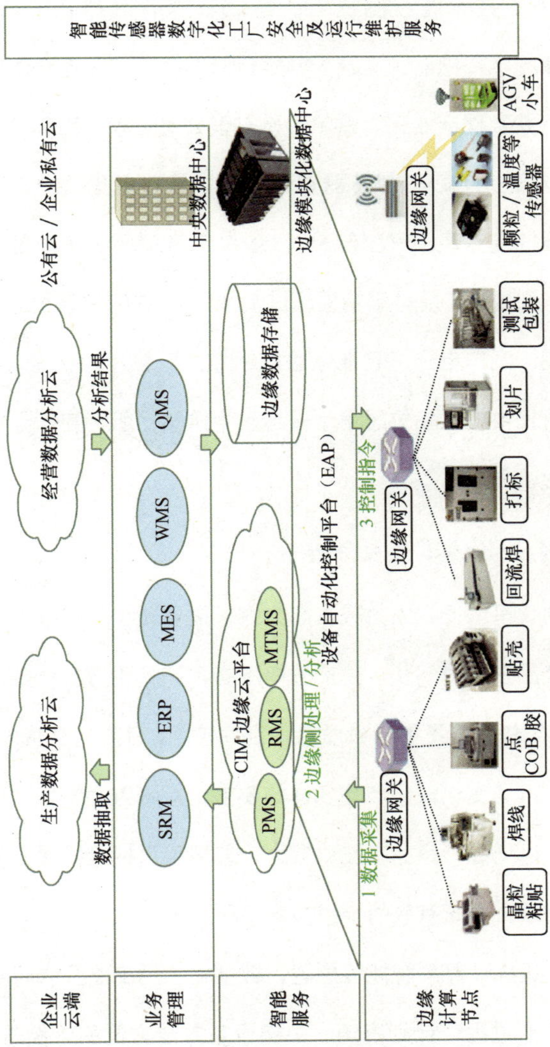


图 8-2 歌尔集团经营分析平台

制造 2025》技术路线图提出，到 2025 年，高端智能传感器、高分辨率视觉传感器、高端 MEMS 传感器及芯片具备自主设计制造能力，并实现产业化。歌尔股份有限公司（以下简称“歌尔”）自 2004 年进入 MEMS 传感器领域以来，经过多年努力，歌尔已拥有 MEMS 麦克风、气压传感器、MEMS 麦克风 + 气压复合传感器等多系列量产产品，年销量超过 15 亿只，在智能手机、健康可穿戴产品、汽车电子、智能家居等领域广泛应用。在全球 MEMS 公司排行榜中，歌尔位居第十一名、中国第一名，在行业中具备较强的影响力。

### 平台应用需求及平台功能

自动化率偏低，人力成本压力大，需要减少生产线上的工人数量；产品在制时间长，生产效率不高，产品质量和稳定性难以保证，系统集成度不够导致质量稳定性较差，且产品交货周期长，难以适应市场变化快、产品多样的要求；检测力度不足，产品质量难以严格把控，良品率波动较大，普遍采用抽检模式，质量追溯能力有限，缺乏有效的全检技术手段。

基于边缘计算的智能传感器，数字化工厂工业互联网平台将实现对生产过程、计划资源、关键设备等全方位的管控与优化，有助于实现设备要素的泛在感知、云端汇聚、高效分析和科学决策，促进生产要素的解耦、整合和重构，实现设备资源的优化配置，构建以数据重构价值创造体系的新模式。

## 平台部署方式与实施内容

本平台基于各个系统平台间的接口数据流向主线，以企业云平台的建设为牵引，改造及优化升级车间设备、搭建设备自动化控制平台、搭建 CIM 边缘云平台，基于数字化工厂生产数据、融合公司现有 IT 系统，包括 ERP、PLM、MES、WMS 等，贯穿智能传感器数字化工厂安全及运行维护服务准则，搭建企业云端，包括生产数据分析云与经营数据分析。

本平台主要实施内容：制定工业互联网边缘计算总体架构与要求和工业互联网边缘计算边缘节点模型与要求两套标准体系；建设覆盖工厂内生产线设备及车间物流等的企业内网络；生产、运维、管理数据的采集和流转系统建设；企业云平台和安全及运行维护服务建设。

## 平台应用价值与推广性

本平台通过建设工厂内生产线设备及车间物流等的边缘计算节点，企业内各类设备、仪器仪表、传感器间通信的网络，基于智能资产和智能网关的智能系统，用于智能传感器数字化工厂运营、分析、决策和优化的智能服务，实现智能传感器数字化生产、运维、管理数据的实时采集、流转、汇集、处理和分析，实现企业生产环节网络覆盖达到90%以上，全面提升生产与服务过程的敏捷性和协作性，提高资源共享水平，降低生产运行和运营的不确定性，降低运营成本20%以上，提高生产效率20%以上。

# 精准营销：供需对接、用户画像

## 案例 34　用友精智平台：广东万和新电气供需对接

### 企业及平台基本情况

广东万和新电气股份公司（以下简称“万和新电气”）成立于1993 年 8 月，总部位于广东顺德国家级高新技术开发区，是国内生产规模最大的燃气具专业制造企业之一，也是中国燃气具发展战略的首倡者和推动者、中国五金制品协会燃气用具分会第三届理事长单位。

万和新电气以技术创新起家，1992 年发明了中国第一台超薄型水控式全自动燃气热水器，引领中国热水器进入了“水闸一开、热水即来”的时代。此后，万和新电气于 1994 年研制成功第一台微电脑控制强排热水器、于 1999 年研制成功第一台平衡式热水器、于 2001 年研制成功第一台冷凝式热水器、于 2008 年研制成功第一套能源集成热水系统等。至今，万和新电气在燃气具领域 14 次填补国内技术空白，引领中国燃气具行业技术升级换代。万和新电气还多次主导或参与了燃气热水器、燃气灶具、消毒柜国家标准的起草和修订，取得了 600 多项专利，是中国燃气具行业拥有最多专利储备的企业之一。

### 平台应用需求及平台功能

万和新电气是国内热水器、厨房电器、热水系统制造企业，以前虽部署了 ERP 系统，但依然存在大量的信息孤岛，数据利用率低，大量统计分析工作需要手工完成。

通过应用精智平台，万和新电气实现 6 个法人、5 个事业部、7 个生产基地的统一管理与信息实时协同，实现内部业务全要素互联互通，以及与 460 家经销商、600 余家供应商、20 余家物流承运商的产业链大协同。同时，还实现了每月 150 万条数据的采集、归档、分析，极大地提升了数据的利用价值。例如，一个全方位的合并利润表 59 列 40 行，共 2360 个数据栏目，以前人工统计需要 12 个人花费大约 5 天完成，而利用大数据分析，只需要 2 分钟即可完成，效率提升 14000 倍以上。

## 平台部署方式与实施内容

用友 iuap 精智平台架构如图 8-3 所示。

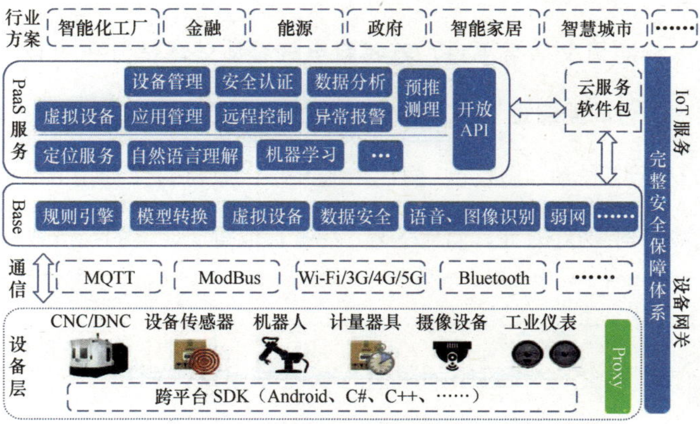


图 8-3 用友 iuap 精智平台架构

IoT 平台的搭建基于 iuap 平台的基础能力，规范了企业 IoT 建设的标准，实现物联领域中的通用需求，从 M2M 到安全，再到数据的清洗、分发、分析、预测，以及与异构系统 ERP 业务系统的无缝连接，包括知识库的积累等，都是 IoT 平台的能力范畴。

此外，云平台还提供了 MR 框架及智能服务能力，提供混合现实能力及图形识别能力，以及基于 AI 能力的业务处理、基于自然语言的会话式 UI、业务机器人助手等，并积累各个业务领域的知识库模型，新技术与业务领域充分融合，服务于产品与客户。

### 平台应用价值与推广性

借助用友精智平台，万和新电气整体效率提升 30% 以上，产品交付周期缩短 20%，市场竞争力得到明显提升。销售收入由 30 亿元增长到 40 亿元，同比增长 33%，原材料库存由 6700 万元减少到 5200 万元，同比下降 22.3%，取得了明显的经济效益。

## 案例 35　长虹集团平台：长虹家电供需对接

### 企业及平台基本情况

长虹集团（以下简称“长虹”）始创于 1958 年，公司的前身国营长虹机器厂是我国“一五”期间的 156 项重点工程之一，是当时国内唯一的机载火控雷达生产基地。历经多年发展，长虹完成由单一的军品生产到军民结合的战略转变，成为集电视、空调、冰箱、IT、通信、网络、数码、芯片、能源、商用电子、电子部品、生活家电及新型平板显示器件等产业研发、生产、销售和服务为一体的多元化、综合型跨国企业集团，逐步成为全球具有竞争力和影响力的 3C 信息家电综合产品与服务提供商。2005 年，长虹跨入世界品牌 500 强。

## 平台应用需求及平台功能

随着社会的快速发展，家庭在消费电子发展中扮演着越来越重要的角色，继 PC 互联网、移动互联网之后，家庭互联网成为物联网大趋势下的必然产物。电视机的对外接口种类也丰富起来，接口的位置一直是困扰或阻碍用户使用的绊脚石；复杂繁多的遥控器按钮常常给用户带来不便；被动的售后服务模式不利于品牌形象的提升。

在家庭消费基础上，长虹试图对企业进行系统性改造。长虹把“产品智能化 + 服务个性化”作为发展重点，用终端给服务赋能，用服务定义终端。以长虹智能电视为例，电视卖给用户后，长虹与用户的体验之旅才刚刚开始。长虹利用云计算、大数据、人工智能等时下最先进的技术，采集用户对电视的操作行为数据，结合用户其他相关数据进行数据分析与挖掘，辅助提升产品竞争力与用户体验。

## 平台部署方式与实施内容

长虹工业互联网平台系统架构如图 8-4 所示。

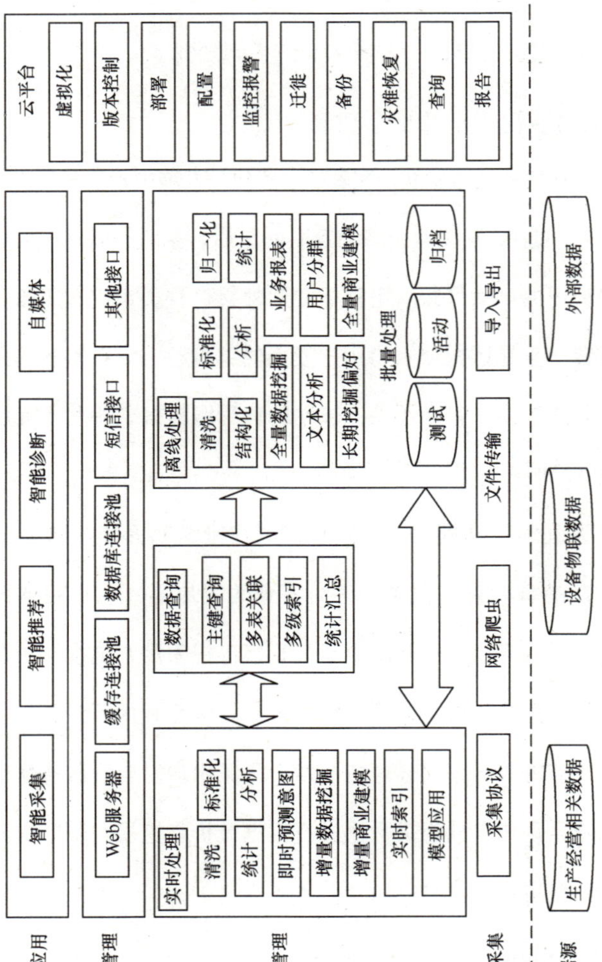


图 8-4 长虹工业互联网平台系统架构

长虹通过分析用户对外设端口的使用情况，如 VGA、HDMI、USB 等端口的使用情况，发现用户基本未使用 VGA 端口，2 个 USB 接口已经满足用户的日常使用需求。长虹在后续设计智能电视时，去掉 VGA 端口，将空间预留给其他必要的硬件。

长虹智能电视通过分析遥控器的按键使用，发现用户基本不用的按键，设计了更简洁的遥控器，既降低了遥控器的成本，又提升了用户体验。

在电视内容方面，为了解决用户查找电视内容难的问题，长虹 CHiQ 电视在行业内率先为用户提供个性推荐服务，通过用户的观影行为，构建电视用户画像，为用户提供更优质的影音服务。

传统售后服务是当用户电视出现故障后，联系售后，售后工程师多次上门解决用户的问题，这样的售后服务相对被动且用户体验差、售后成本相对较高。长虹智能电视通过采集用户电视的故障数据，建模分析故障数据，主动发现电视故障，售后主动联系用户，并携带备件，完成一次性上门服务。这既降低了售后服务的成本，又提升了用户的体验。

## 平台应用价值与推广性

在降低生产成本方面：每个电视终端减少一个 VGA 端口，一个 VGA 端口成本按照 5 元计算，假设一年的电视销量在 600 万台左右，那么节约的直接成本在 3000 万元左右。

在提升用户体验方面：长虹通过分析用户的行为数据，将用户经常使用的 HDMI 接口设计到一个更合理的位置；在遥控器的按键布局设计上，采用更简洁易懂的理念设计；采集故障数据，变被动为主动的售后服务；采用个性化推荐的方式，让用户想看的内容主动展现在用户面前等，有效地提升了用户体验，不仅能够提高用户购买的转化率，还进一步提升了产品竞争力以及品牌形象。

在用户数据潜在的服务延伸方面：基于当前物联网技术手段，长虹构建了用户数据中心，目前已接回的终端数量在 900 万个左右，每个终端就是一个用户。长虹通过构建用户画像，制定用户标签等，针对不同的用户个性化定制开机广告，既不影响用户体验，又能很好地开展广告业务，获得了不菲的广告收入。

# 远程运维：产品服务

## 案例 36　华为 OceanConnect IoT 平台：中国一汽产品远程运维

### 企业及平台基本情况

中国第一汽车集团有限公司（以下简称“中国一汽”）的前身是在 1953 年成立的中国第一汽车制造厂，总部位于吉林省长春市，是中国汽车行业中最具实力的汽车公司之一。旗下拥有红旗乘用车、奔腾乘用车、解放商用车等汽车品牌。业务领域包括汽车的研发、生产、销售、物流、服务、汽车零部件、金融服务、汽车保险、移动出行等。

中国一汽通过与德国大众、奥迪，日本丰田、马自达等国际知名企业合资合作，还产销大众、奥迪、丰田、马自达等品牌乘用车。

2017年，中国一汽共销售汽车335万辆，同比增长7.7%，实现收入4698亿元。中国一汽在努力推动中国汽车产业发展的同时，始终把践行企业社会责任作为企业发展的核心理念。过去几年，中国一汽在公益方面投入3.6亿元人民币，支持了100多家企业的社会责任项目，覆盖了西藏、青海、四川等西北、西南诸多贫困地区，直接或间接帮助超过10万余人脱离了贫困，受益人群超过150万人。

### 平台应用需求及平台功能

中国一汽是国内大型汽车生产企业，在探索车联网等服务化转型的过程中，面临一系列突出问题：一是旧系统无法满足高并发、高频率的接入需求，现有的20万辆车已经出现严重的性能瓶颈；二是运行10年的系统老旧，难以叠加新的业务，扩展困难；三是不同车型接入不同的业务平台，割裂的烟囱式系统维护复杂，管理成本高。

### 平台部署方式与实施内容

华为OceanConnect平台架构如图8-5所示，应用场景如图8-6所示。

华为工业互联网云平台从工业领域的核心业务流程出发，面向设计研发、生产制造、经营管理、市场销售和服务运维提供场景化的工业云解决方案。

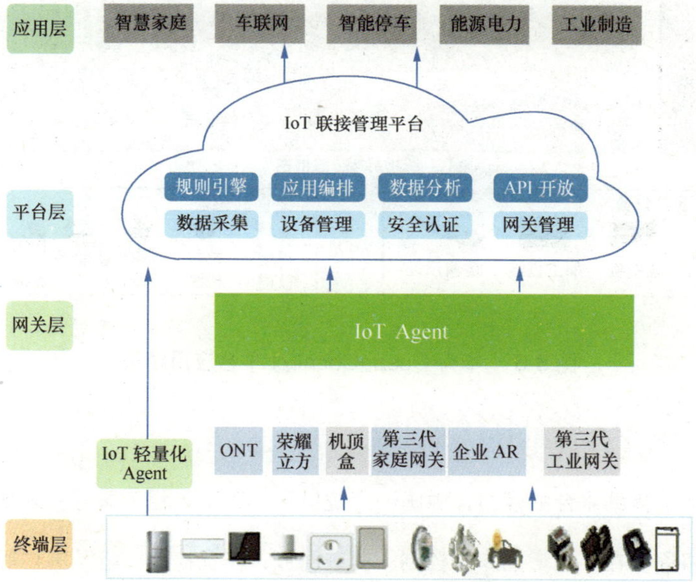


来源：华为

图 8-5　华为 OceanConnect 平台架构

通过应用华为 OceanConnect IoT 平台，中国一汽实现了对千万台车辆的有效管理，并发处理百万台车辆的信息。平台的开放 API 支撑了中国一汽新业务的快速开发，系列化的 Agent 则支持了快速集成新设备。平台还为中国一汽提供了实时分析的大数据处理能力，并支持车队管理、共享租车等多种业务。

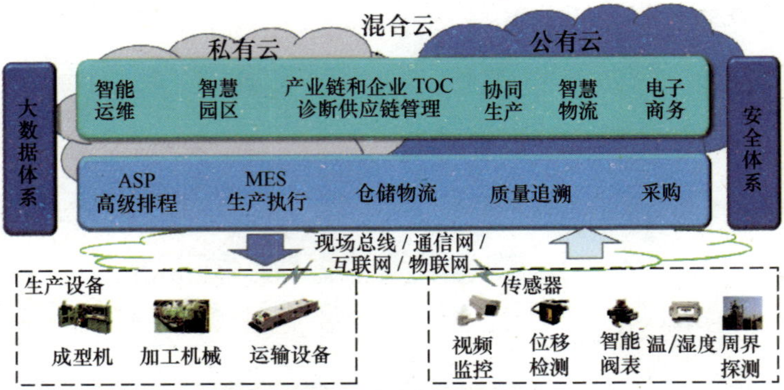


来源：华为

图 8-6 华为 OceanConnect 平台应用场景

### 平台应用价值与推广性

借助平台的能力，中国一汽提供了“挚享”租车服务，未来将逐步在平台增加车辆控制、轨迹回放、车况检查、电子围栏等新型车联网业务。预计到 2020 年，中国一汽将通过 IoT 平台管理 200 万台车辆及 25 万支车队。

## 案例 37 寄云 NeuSeer 平台：宝石机产品服务

### 企业及平台基本情况

宝鸡石油机械有限责任公司（以下简称“宝石机”），是中石油下属全资子公司，经营范围包括油气勘探设备、油气钻采设备及工具、配件的研发、设计、制造、销售与服务等。

宝石机具有引领我国油气钻井装备行业研发制造方向的技术实力，是国家油气钻井装备工程技术研究中心承建单位，是全球第二家能够研发 12000 米特深井钻机的机构，是行业内唯一承担两个国家标准化工作部（国家钻机标准化工作部、国家海洋钻采设备标准化工作部）秘书处工作的企业。

宝石机主要设计制造 1000 ~ 12000 米九大级别、4 种驱动形式的常规陆地钻机、极地钻机和海洋成套钻机；500 ~ 3000 马力的各系列钻井泵；海上钻采平台设备、井控井口设备、特种车辆、钢管钢绳、大直径牙轮钻头等钻采装备配套产品以及电气控制、非常规油气设备和减排设备等产品。覆盖面达 50 多个类别、1000 多个品种规格，产品远销欧美、非洲、大洋洲、中亚、中东、东南亚的 58 个国家和地区。

### 平台应用需求及平台功能

石油生产是典型的连续性生产，对关键的生产设备，如勘探、钻采等设备，提出了很高的质量要求，任何计划外的停机和故障都会造成巨大的损失。同时，传感器和测量仪表技术的快速发展，让石油装备“数据海量、信息贫乏、如何利用”的问题逐渐显现。

现有的设备维护模式采用的是计划性维修的模式，不仅成本高，而且无法预测和规避故障，经常会因为一些突发的设备故障或外部因素，造成非计划停机。非计划停机不仅给宝石机的油田客户造成了很大的损失，还给宝石机带来了很高的维修成本，维修人员必须前往偏远的油田并提供准时的维修和部件更换服务。

宝石机的油田客户非常希望能够使用数字化的手段，快速定位和解决钻机问题，对设备的实时运行状态进行健康评估，并且做细致的寿命预测，根据故障定位做预测性维修，根据钻井设备的健康报告调整计划性维修的策略，在更高的可靠性和更低的维修成本之间取得有效的折中。

宝石机希望针对现有设备的数字化进行全方位的升级，利用新技术、设备增加传感器及对关键设备引入振动分析，全面建设数字化钻机，提升设备的硬价值。

同时，宝石机也希望改变现有的服务模式，从传统的低利润、高维护成本、等待式的设备销售和服务模式，转向提供在线的远程监控和预测等软件增值服务，获得更高利润的新业务增长点，全方位地提升宝石机在行业内的竞争力。

在寄云科技的协助下，宝石机对其销售的各种石油装备都提供了工业网关，实现现场的数据采集、现场 Wi-Fi 及 GPS 定位，实现新旧控制设备及传感器、仪表的全方位监控和测量。同时，引入边缘计算一体机，在场端对采集的数据进行有效的处理、过滤、存储及基于模型的监测和预警。

同时，宝石机通过云端部署的健康管理系统，为其客户提供远程的智能故障诊断和预测性维修，实时洞察客户设备的运行状态，对设备的风险进行预警，提供设备的基础信息管理、参数的实时监控、预测性监控报告、备品备件的查询、多级用户的权限管控等服务。

## 平台部署方式与实施内容

基于寄云 NeuSeer 平台，寄云科技为宝石机提供了完整的设备健康管理系统，包括以下关键功能。

数据采集：寄云科技通过寄云工业网关，从钻机集成控制系统、钻井仪表、电气传动 PLC 控制站以及新增的各种状态传感器（含振动）等控制系统和传感器中，读取钻井工艺参数、设备运行参数、运维管理参数等信息，发送到工业物联网平台。

边缘计算：寄云科技对数据进行现场端的处理、过滤、存储及基于模型的判决，快速决策，减少非必要数据的上传，分担运维数据中心的性能。

健康评估和智能告警：寄云科技基于平台采集的历史数据以及设备的机理模型，开发了多个针对不同关键部件的健康模型，帮助客户构建设备的健康档案，并能够对偏离健康标准的异常事件给予及时的告警。

故障辅助诊断：故障辅助诊断系统包括故障知识库开发、自动推荐和匹配故障类型原因等功能，实现基于实时运行参数和运行状态的各个监测设备故障报警模型，对采集到的运行参数和运行状态实时分析，发现异常情况及时生成报警信息，并通过邮件、短信等方式通知用户。

预测性维修：寄云科技基于设备采集的传感器历史数据，构建关键部件的性能预测模型，并基于预测的结果，调整维修计划的维修间隔、维修部件以及备品备件的管理策略。同时，寄云科技结合智能告警和故障管理各类设备运行告警和故障，能及时分析出现故障时设备需要进行维护的优先级，并自动反馈到不同时间的维修计划中。

### 平台应用价值与推广性

通过应用寄云科技开发的设备健康管理系统，宝石机可以为其客户提供包括数据采集、状态评估和告警、故障辅助诊断以及预测性维修的服务，不仅有效地提高了其客户关键设备的运行可靠性，降低了客户损失，提高了客户的满意度，还极大地降低了由非计划停机造成的巨大运维成本，并通过持续的产品增值服务，实现了业务增长。

## 案例 38　普奥 ProudThink 平台：康达新能源设备产品服务

### 企业及平台基本情况

康达新能源设备股份有限公司（以下简称“康达新能源”）的前身为 1998 年创立的东莞市康达机电工程有限公司，是一家以电力为中心、产业涵盖“能源、电力、环保、节能”四大领域、集“研发、设计、生产、销售和系统工程服务”于一体的国家高新技术企业。

康达新能源以技术创新为发展基石，成为生物能综合利用、槽式太阳能热发电、燃气燃油发电等清洁能源领域拥有核心技术和自主知识产权的整体解决方案提供商、关键设备制造商和系统工程运营商。

康达新能源主打科技创新，建立了企业工程与技术中心、环境工程设计院，并投资1.2亿元建设康达新能源技术研究院，现拥有专利111项、6项国家及省级认定的重点新产品、省市科技奖励6项，共承担了国家科研项目7个，省级科研项目9个，市级科研项目多个。

### 平台应用需求及平台功能

康达新能源具备燃气、柴油、太阳能等多种发电机组的产品设备，亟须建立设备云监控平台为客户提供高效可靠的远程运维服务。基于ProudThink平台搭建设备监控平台，实现设备总览、设备管理、故障诊断、维保服务、数据分析、设备定位、备件物流等基础功能建设，如图8-7所示。康达新能源在服务水平方面，通过对设备状态的系统查询和监控，实现主动式维护；在服务效率方面，通过平台设置设备巡检计划，实现预测式维护。

### 平台部署方式与实施内容

普奥工业级无线传感网络系统主要由现场网络管理软件、无线通信节点、无线通信网关（内置网络管理器和网络安全器）构成。

现场网管软件集成在网关设备中，负责配置、调度节点之间的通信、监视网络健康状态和对现场接入设备的命令操作等；通信节点通过CAN、RS232、RS485等数字或模拟接口与现场要监控的设备或传感信息传输到网关，并可选以太网/2G/3G/4G/Wi-Fi多种通信方式及多种通信协议（MQTT、Modbus-TCP、HTTP、TCP/IP、OPC等），由网关将信息传送到云端控制系统或本地数据采集、控制管理系统。

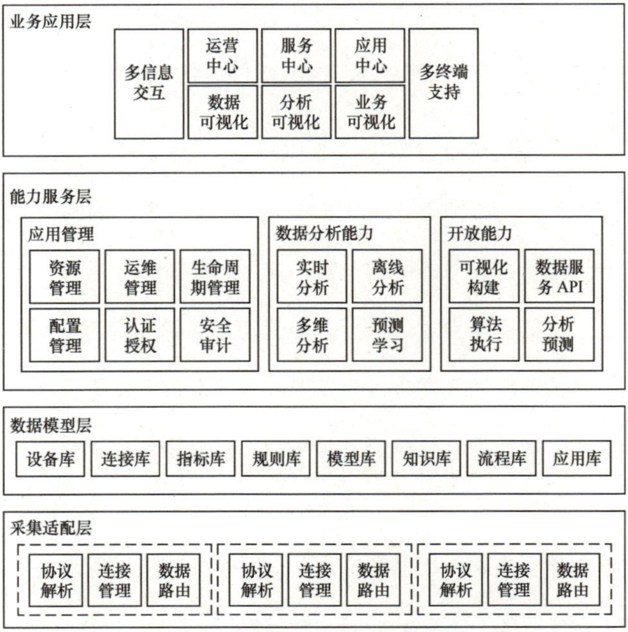


图8-7　普奥ProudThink平台架构

普奥 ProudThink 智能管控平台通过传感器、控制系统、原有监测系统、离线监测设备等采集生产设备的状态数据和工艺数据，将数据清洗计算之后存到基于 Hadoop 的大数据平台。工厂设备检测人员可以通过平台实现对设备的检测，提供检测报告，还可以在平台上构建设备服务平台，将设备管理和维保管理集中在一个平台上管控，后期通过不断的数据积累和数据分析，将专家经验固化成故障预测模型，同时不断地训练模型，让设备故障预测更加准确，从而避免发生设备非计划性停机。

### 平台应用价值与推广性

普奥的 ProudThink 工业互联网平台，是从用户端的服务价值出发，聚焦智能设备的网络价值，向用户提供安全可靠、成本低廉的工业互联网平台。该平台考量运营商、制造商、服务商 3 类服务对象的业务发展需求，为其提供设备运营、设备租赁、物联网金融、工业数据等特色价值服务；该平台具备开放性，利用设备库、接入库、模型库和应用库构建生态模型，使用户构建业务应用如同搭建乐高一样简单；该平台以快为理念，在两周时间帮助客户完成业务，使每家企业都能快速实现工业互联网转型。

## 案例 39　上海电气平台：上海电气电机产品远程运维

### 企业及平台基本情况

上海电气集团股份有限公司（以下简称“上海电气”）是中国装备制造业最大的企业集团之一，旗下有电站、输配电、重工、轨道交通、机电一体化、机床、环保、电梯、印刷机械等多个产业集团，现拥有上海机电股份有限公司等上市公司和上海三菱电梯有限公司等 50 多家合资企业，员工总数超过 70000 人。上海电气集工程设计、产品开发、设备制造、工程成套和技术服务为一体，具有设备总成套、工程总承包和提供现代装备综合服务的优势。自 20 世纪 90 年代以来，上海电气销售收入始终位居全国装备制造业第一位，是中国最重要的发电设备供应商之一。

高效清洁能源、新能源装备是上海电气的核心业务，能源装备占销售收入 70% 左右。上海电气主导产品有 1000 兆瓦级超超临界火力发电机组、1000 兆瓦级核电机组。重型装备、输配电、电梯、印刷机械、机床等。中国第一套 6000 千瓦火电机组、世界第一台双水内冷发电机、中国最大的 12000 吨水压机、世界第一台镜面磨床、中国第一套 30 万千瓦核电机组、中国第一根大型船用曲轴、中国第一套百万千瓦等级超临界火电机组都来自上海电气。

## 平台应用需求及平台功能

电机系统运行复杂多变，运行工况多样，运行状态涉及领域涵盖电路、磁路、绝缘、机械系统等，工业机理模型十分复杂，并且目前数据采集分析能力、故障诊断预测知识库等还不健全，难以满足设备运行的优化需求。

上海电气首先建立了设备运行优化工业互联网平台，如图8-8所示。用户通过按需付费的远程运维服务模式实现设备快速接入，通过运行优化App实现设备运行优化管理。

## 平台部署方式与实施内容

用户需求调研及关键技术研究：深入调研分析用户需求，开展面向电机运行优化的机理模型、状态评估、故障诊断、预测性维护、能源评估、边缘侧设备接入、微服务组件、特定场景App实现等关键技术研究。

核心产品、平台研发：在对需求深入调研、关键技术充分研究的基础上，按计划研发云网关、电机优化运行平台等核心产品。

设计及实施工业互联网平台建设方案：制订工业互联网平台建设方案，撰写具体测试用例，通过现场实际运行积累大数据

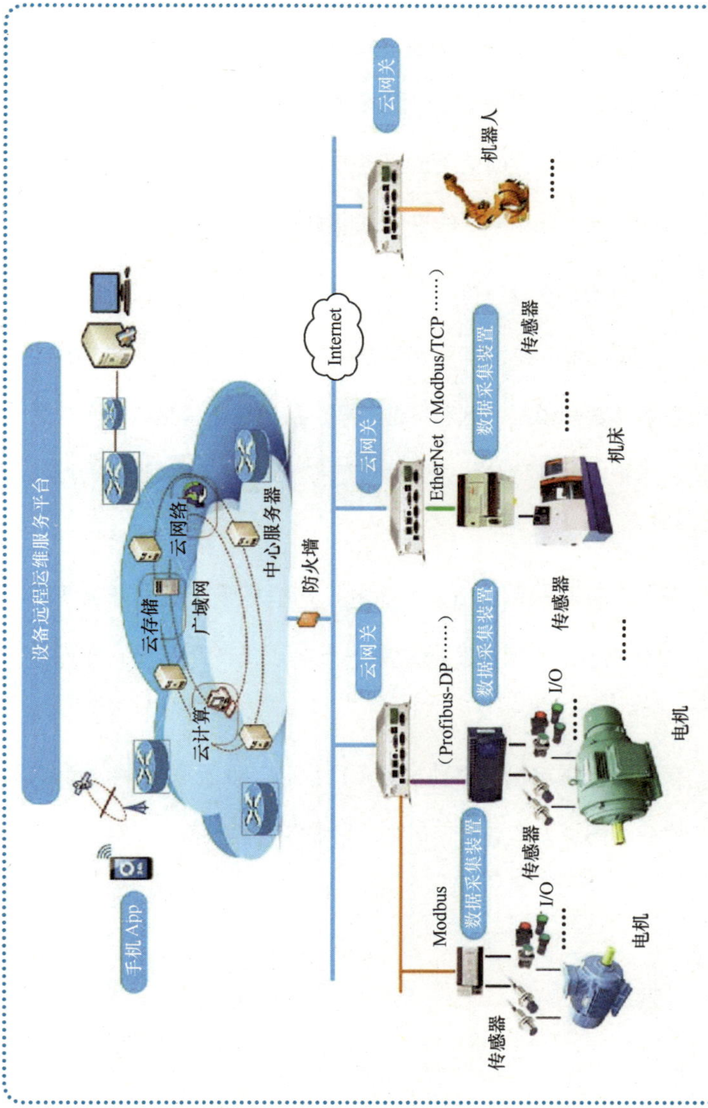


图 8-8　电机及驱动设备运行优化工业互联网平台

和机器学习，进行关联性分析，优化模型、微服务组件及 App，最终建成满足特定场景需求的工业互联网平台。

市场应用推广：研究平台服务模式，加速平台及解决方案在电机行业不同工业场景下的推广及应用。

### 平台应用价值与推广性

电机运行优化工业互联网平台将针对电机运行优化需求，建立电机本体数学模型、状态评估模型、故障诊断模型、剩余寿命预测、维护决策模型和能效评估模型等机理模型，并形成微服务组件。

该平台针对制造、冶金、水利、纺织等多个行业开发特定场景工业 App，形成特定场景解决方案，在多家工业企业应用推广。

该平台开展电机及驱动设备运行优化工业互联网平台测试、验证优化、解决方案制定、运维、培训等各类服务。

# 第九章
# 面向创业创新的平台应用实践

创新创业是变革生产关系，发挥劳动者创新活力，促进生产力发展的必由之路。当前，企业在创新创业过程中，主要产生了众包众创、管理创新、个性化定制等典型场景。

**众包众创场景描述：**众包是指把由企业内部承担的工作，通过互联网等媒介以自由自愿的形式转交给企业外部大众完成的一种组织模式。其本质是打破企业组织边界，在全球范围内集聚优势资源，以社会化协作形式创造性完成研发、设计、生产、销售、物流和服务等经营活动，有效破解企业难题，实现运营优化，增强核心竞争力。众创即“大众创业”，其内涵包括通过集聚大众力量，实现从创意到孵化的全过程及完成该过程所需的完整资源体系和运营机制。在当前全球深度变革的背景下，众包众创是有效整合社会资源、释放大众活力、推动企业变革和培育新兴力量的重要途径。平台则让众包众创在互联网时代落地生根，通过便捷的网络渠道和线上与线下结合的综合服务体系，真正实现各类发展需求与多方资源的实时连接、互动与响应，为释放大众力量、构筑以社会化协作为基础的融通发展新格局提供了重要载体。

**管理创新场景描述：**“双创”平台管理创新的核心是企业无边界、管理无领导、供应链无尺度和企业平台化、员工创客化、用户个性化。“双创”平台在企业组织架构方面，组建自主经营体及小微企业，打造开放式的创新和集体创业平台，集聚企业的技术、管理、大型资本等优势资源，激活全社会创新能力，实现与社会资源的整合和优势互补，形成没有围墙的“双创”。“双创”平台在员工自主性方面，激活员工价值创造能力，将其拥有的资源量化为股份，创客变股东，实现从创造产品到创造企业、创造企业家的阶段飞跃，以社群生态为驱动构建内外商业生态圈，形成共创共赢、多元互动、协同治理的创新生态系统。在此场景下，“双创”平台是创业创新资源的聚合器与开放共享的加速器、创新创业项目的孵化器和组织管理变革的催化剂。

**个性定制场景描述：**个性化定制的本质是依托数字化平台实现研发设计、生产制造、经营管理、市场营销等部门之间数据的自动流动，有效提高企业的研发效率、生产效率和产品质量。当前，我国个性化定制主要集中在消费电子、家具、制鞋、服装等消费品行业。典型的个性化定制模式有两类：一类是消费者需求反馈至生产制造端，形成动态感知、实时响应消费者需求的大规模个性化定制模式；另一类是消费者需求传导至研发设计端，形成“快速原型—模具开发—产品定制”的小批量个性化定制模式。“双创”平台推动了制造业向生产服务型转变，激发制造企业竞相开展管理创新、模式创新和业态创新。消费者基于“双创”平台全程参与生产过程，生产主体从生产者向产消者（Prosumer）演进，传统的大批量集中生产方式加快向分散化、个性化定制生产方式转变。

# 众包众创

## 案例 40　共生物流科技：物流众包平台

### 企业及平台基本情况

安徽共生物流科技有限公司成立于 2015 年，主营业务包括物流信息技术开发、物流数据技术服务、普通货物道路运输、国内货物运输代理、仓储服务、货物装卸服务和无车承运等，获得多项荣誉，包括国家交通运输部“无车承运人试点企业”、商务部“芜湖物流标准化试点单位”、中国物流与采购联合会“中国供应链管理最佳创新企业”、中国物流与采购联合会“2016 年科技进步二等奖”、国家发展和改革委员会“中国‘互联网 +’”“行动百佳案例”、“2016 第五届中国创新创业大赛行业优秀企业、2016 年安徽省信息化、工业化融合示范企业和安徽省 A 类高层次科技人才团队”、中国交通运输协会“2017年制造业与物流业发展优秀服务平台”等。

## 平台应用需求及平台功能

与发达国家相比，我国企业物流运营成本居高不下，具有较大的优化空间，尤其是在物流解决方案及物流计划等统筹设计环节。因此，我国亟须推动物流业与“双创”结合，发展多种形式的高效便捷物流新模式，推动需求和供给的精准对接。鉴于此，安徽共生物流科技有限公司积极打造物流众包共生平台，以众包方式为物流与制造业、商贸、金融等行业提供“精准对接”渠道，提升更多企业的物流优化空间，如图9-1所示。

图9-1　共生平台总体服务架构

共生平台总体上以共好运交易平台、共省心云 TMS、无车承运人云平台和物流与供应链外部服务平台等版块为核心，形成在线交易和企业服务相互支撑的全链条企业智慧物流服务体系。具体从需求侧看，共生平台为需求企业提供了“物流解决方案”和“寻找供应商”等在线发布服务，并通过“在线招标”和基于大数据的智能匹配体系，有效实现物流需求众包，推动从解决方案到物流执行的全流程物流需求与供给资源的实时在线匹配、交易和执行，如图 9-2 所示。从供给侧看，共生平台还为物流企业提供物流运营、采购、销售、资金、财务、创业、人力资源共享等云服务，推动提升物流信息化水平和业务全程监控透明。

图 9-2　共生平台物流需求方主要功能模块

### 平台部署方式与实施内容

在总体架构方面：共生平台根据分层设计思想，分为 Web 层、业务层和数据层，每层都按照集群模式部署，实现可线性扩展；共生平台基于 SaaS 的软件架构模式，研发弱耦合功能模块、多态接口、多终端适配技术，在 SPI 云应用基本框架的基础上，构建物流互联网云服务体系，以 SaaS 模式提供弹性的物流互联网信息服务，根据用户需求对服务进行调整和延伸，实现了公共云服务的模块化定制、多态接口、多终端适配等特点。

在关键技术方面：一是共生平台基于移动互联网、PC 互联网、物联网、北斗等技术构建公路运输大数据智能交易匹配系统，为中小企业提供公开、公平、透明的交易环境，有效匹配合适的资源，提升资源利用效率，推动多方共赢；二是共生平台通过先进的物流 SaaS 云服务技术，构建安全、自主的多租户物流 SaaS 云服务系统，并聚合 TMS、OMS、CRM、财务管理等丰富的物流云应用，满足不同物流企业的业务管理需求；三是共生平台在数据采集系统的基础上，面向政府和物流协会提供公共的公路物流大数据服务，实现公路物流运力资源分布智能数据分析、公路物流数据实时监测、公路物流数据异常预警、公路物流智能车货匹配、公路运输智能路线规划、公路物流行业风险决策分析等各种智能大数据功能，从而提升全社会的公路物流行业的大数据应用水平，推动公路物流行业向数据化运营和智能化运营升级。

### 平台应用价值与推广性

共生平台于2016年实现交易额近12亿元、营业收入27382万元、纳税2826万元。目前已与700多家发货人企业合作，其中制造企业近40家，合作车主用户4万多个。截至2017年7月5日，共生平台交易额达21亿元。共生平台争取到2020年，实现1000亿元交易额，为10万个企业用户提供物流产业互联网服务，打造千亿物流共赢生态圈，成为中国最具价值的第五方物流平台。

共生平台的建设与实施将对制造业及物流产业的发展产生很强的带动作用，可帮助更多制造企业和物流企业利用互联网和大数据挖掘物流方案和物流计划方面的优化空间，实现降本增效：一是通过众包服务机制，大幅降低生产企业的物流成本，提高企业竞争力，并辐射带动产业竞争力逐步提升；二是通过运力资源智能交易服务，缩短物流供给环节，并推动交易透明化和规范化，提升物流资源运行效率；三是通过平台的创业支持，让更多的中小物流创业者借助平台资源，拥有和大中型物流公司竞争的能力，由此带动上万人创业、就业，推动实现物流行业“大众创业，万众创新”。

### 案例自评

共生平台以物流需求与资源的在线集聚为基础，以供需精准匹配为核心，以招投标为牵引，以基于大数据的智能匹配为依托，以物流企业云服务体系为保障，全面构筑从物流解决方案、物流计划设计到物流执行的众包服务体系及监督执行机制，从而有效推动物流服务行业转型升级及制造、商贸等物流需求行业降本增效。未来随着共生平台的逐步推广和服务体系的不断完善，以互联网平台为载体的物流众包对各行业的影响和变革也将逐步深入，带来更大范围的创业创新。

## 案例 41　美的集团：众创平台

### 平台应用需求及平台功能

美的开放式创新平台（以下简称“美创平台”），旨在整合企业内外部资源实时对接全球创新要素，为激活互联网群体创新力量、改变传统产品设计生产模式、加快美的转型提供动力。美创平台总体建有众创平台“需求与解决方案”“项目孵化”等几个主要功能版块。

其中，众创平台为充分释放大众活力，一方面以“大众智慧促进创意转换”为理念，积极打造了大众在线发布创意、开展评议完善及设计互动等众创场景；另一方面，依托美的长期积累的资源优势，全面构筑了从创意发布、模型研究、孵化制作、产品体验到线上销售的一站式综合服务体系，如图 9-3 所示。

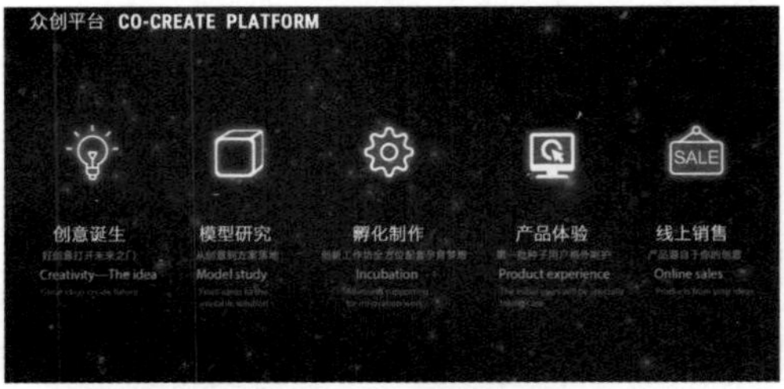


**图 9-3 美创众创平台在线服务体系**

在资金方面，众创平台设有 10 亿元创投基金和 1 亿元创业孵化基金；研发团队方面，拥有 8000 名创新研发人员和 100 名平台对接专家，有针对性地解决技术需求；在供应链方面，众创平台有全球超过 300 家技术供应商、20 个生产基地、3 万家销售商、2000 家旗舰店及自建电商平台和 1 万家售后服务网点为创业者提供全面支持，为创意实施和孵化提供强大的资源保障。

### 平台应用价值与推广性

迄今，美创平台已举办了 20 多场创新创业大赛，汇集了 1000 多项创意设计，实现 10 多项产品体验及网上销售，收集需求方案 200 多项，形成解决技术方案 100 多项，开展孵化器项目近 100 项。美创平台有效整合了创新资源，推动优势互补，形成基于互联网的众包研发设计创新模式，推动全供应链实现以个性化需求为导向的协同合作，有效提升了产业竞争力。未来，美创平台通过进一步宣传在行业内的影响力，将吸引更多优秀人才。这可协同创造更多高端产品及工艺技术，孵化更多具有创意的项目，带动家电等相关产业转型升级。

### 案例自评

美创平台以资源集聚整合为中心，以在线创意为引导，以美的研发、供应、生产、销售、物流、服务及资金等多方资源为支撑，探索打造了从创意诞生到孵化实现的全流程众创服务体系，开辟了家电行业以市场为导向、以大众智慧为依托的研发设计新模式，为释放大众活力、推动企业转型和构筑社会化协同发展新态势提供了重要参考。

# 管理创新

## 案例 42　海尔集团：人单合一模式探索

### 企业及平台基本情况

海尔集团（以下简称“海尔”）是我国制造业领域的领军企业。在互联网兴起之际，海尔董事局主席、首席执行官张瑞敏于2005年9月第一次提出了“人单合一”的商业模式。经过13年在全球范围内的持续探索与迭代，海尔已从传统制造家电产品的企业转型为面向全社会孵化创客的平台。

### 平台应用需求及平台功能

大多数企业做大做强之后，就越来越自我封闭，越来越自以为是，越来越远离用户，反应越来越慢。为有效解决“大企业病”，适应互联网发展的需要，海尔颠覆了传统企业体制，压缩中间管理层级，将企业从金字塔式科层组织重塑为以创业小微为基本单元的节点组织，员工从被动接受指令的执行者转变为主动为用户创造价值的创客和动态合伙人。实行脱胎换骨的变革后，海尔的人员分为平台主、小微主和创客主 3 类。平台主是平台管理者，小微主是小微的负责人，创客主是小微的员工。创业小微作为企业的基本单元，是独立运营主体，享有决策权、用人权和分配权，在市场竞争中优胜劣汰。经过体制重塑和人员分流，海尔在册人员比人员最高峰时减少了 45%，但海尔平台为全社会提供的就业机会仍然超过了 160 万个。

用户需求拉动是海尔创新的主要驱动力。海尔鼓励用户参与产品设计，环形出风口的天樽空调、靓丽的水晶洗衣机都是在网上和用户互动所产生的产品创新。海尔小微通过“和用户零距离”交互获得订单，让用户可以提出特殊需求，在生产环节通过物联网、柔性制造等手段实现用户生产可观、物流可观，确保生产出让用户满意的定制产品。海尔小微以交互锁定用户需求，以电子交易完成费用支付，以物流配送实现最终交付，进而实现了用户由单纯的购买者变成全流程个性化定制的参与者。

### 平台部署方式与实施内容

在“人单合一”模式下，海尔演变成一个平台企业，将研发、物流、文化、房地产等不同业务版块打造成一个个子平台。通过各类平台，海尔一边聚集着引领企业创新的用户需求，一边连接着供应商资源和解决方案，形成创新生态系统，不断为用户创造价值。

一是推动创业创新资源集聚整合。海尔在深化“人单合一”的过程中，以提升企业内外部资源整合效率为重点打造创客工厂、创客学院、创客空间、创新资源及创客服务平台 5 个平台。

二是推动创业创新资源开放共享。海尔通过打造社会化创业共享服务平台，集众智、汇众力，为创客提供人力、金融、供应链、市场渠道、物流等一站式专业化创业服务。在金融方面，海尔整合 1 支母基金和 7 支基金，建立九大金融创业平台，为创客提供孵化、成长的全方位金融服务。在研发方面，海尔依托全球开放的创新体系和资源，建立线上与线下的创新设计全流程服务平台，为创客提供在线化优质研发服务。在人才方面，海尔推动海尔大学向创客学院转型发展。

三是推动生产管理方式持续变革。海尔以“人单合一”模式推广为契机，加快推动组织管理变革，探索发展小型化、自主化、灵活化的决策单元，实现企业研发设计、生产制造、经营管理、市场营销等制造资源的自组织、自配置、自决策和自优化。

## 平台应用价值与推广性

海尔依托 COSMOPlat 实现与用户的紧密交互，构建了新型生态系统，创造了新的服务价值。

一是“人单合一”模式助推企业效益快速增长。2016 年，海尔实现营收 2016 亿元，实现利润 203 亿元，连续 10 年复合增长率达到 30% 以上。

二是“人单合一”模式激发了企业创业创新的活力。在海尔共享式创业平台“海创汇”上聚集了 2483 个创业项目，256 个创业项目进入孵化器孵化。海尔平台上有 4325 家创业创新孵化资源，在全球共建立了 24 个孵化器，为创客提供丰富的创业资源。海尔平台上有 200 多个创业小微、3800 多个节点小微和 122 万个微店正在努力实践着资本和人力的社会化，已有超过 100 个小微年营收过亿元，孵化 55 个小微，19 个小微估值过亿元，为全社会提供的就业机会超过 190 万个。

三是“人单合一”模式提升了企业品牌的国际影响力。2015

年，《海尔：与用户零距离》让海尔模式再次进入哈佛大学课堂。2016 年 6 月，因对中国互联网组织模式的探索，张瑞敏被耶鲁大学授予“传奇领袖奖”奖。2016 年 11 月，知名管理学家加里 · 哈默（Gary Hamel）在“第八届彼得 · 德鲁克全球论坛”上分享了海尔“人单合一”管理模式创新案例。会上专家认为中国的“人单合一”模式可根治欧洲企业的官僚主义。2016 年年底，Thinkers 50 思想实验室（中国）成立，把海尔作为在中国的首个研究基地。

### 案例自评

经典管理强调主体、客体和管理工具三要素。“泰勒制”的重点是关注管理的客体，即工人（员工）。法约尔的理论主要关注管理的主体，即管理人员。马克斯 · 韦伯（Max Weber）主要关注居于主、客体之间的关系。但海尔的“人单合一”模式没有主客体之分，每个人都可以成为主体。在“人单合一”模式下，企业变成一个网络化的组织，其终极目标不是成为一个企业帝国，而是发展到一定阶段后，再自我裂变和拆分。以海尔“人单合一”为代表的组织和管理机制创新，目前已输出到日本、美国、新西兰、澳大利亚等多个国家和地区，为全球家电产业转型升级和组织管理机制创新做出了贡献。

## 案例 43　荣事达："合伙人 + 事业部"模式探索

### 企业及平台基本情况

合肥荣事达电子电器集团有限公司（以下简称"荣事达"）是一家在智能领域集研发、制造、销售于一体的大型高科技企业，坐落于合肥市双凤经济开发区荣事达第六工业园，注册资金 1 亿元，占地面积 12 万平方米。随着互联网时代的到来和消费结构的不断升级，拥有超过 60 年发展史的荣事达正瞄准蓬勃发展的智能家居行业，打造智能家居全价值链"双创中心"，构建"双创中心—事业部制—合伙人制"三位一体的创业创新服务平台。目前，荣事达在安徽合肥、广东中山、浙江台州等地建有生产基地，拥有员工 4000 余人，其中"双创"服务人员 400 多人，"产、学、研"合作基地 3 个，柔性制造中心 3 个，全国营销网点 5 万余个，智能家居年产值 10 亿元，产品远销欧美、中东等 32 个国家和地区。

### 平台应用需求及平台功能

我国智能家居行业起步较晚，核心技术多源于西方发达国家，智能家居产品的智能化程度不高，创新能力不足，同质化、山寨化问题非常严重。智能家居全价值链双创服务平台是响应国务院提出“大众创业，万众创新”的重大战略举措组建的创业创新平台，旨在通过创新组织管理、人才激励、利益分配等机制，推动管理模式从管控型组织向创业孵化平台转变，探索发展小型化、自主化、灵活化的新型决策组织单元，构建网络化、扁平化的新型组织管理架构，支撑“双创”平台发展，实现企业研发设计、生产制造、经营管理、市场营销等制造资源的高效灵活配置。

智能家居全价值链双创服务平台通过吸引“创客团队”合伙，鼓励内部员工创业创新，凭借荣事达品牌、资金、渠道等九大优势要素弥补“加速期”项目的不足之处；创业者的新理念、新技术、新渠道等，也弥补了荣事达的相对不足之处，使智能家居全价值链双创服务平台上的系列产品不断创新和升级，使荣事达顺利从新能源、智能家居和智能建材迈向“全屋解决方案”，开创了智能家居系列产品和控制系统高度融合的新局面，成功构建了“智能家居全产业链”。

### 平台部署方式与实施内容

荣事达智能家居全价值链双创服务平台坚持以市场为导向，

以企业为主体，“产、学、研”相结合，使之成为创业者与创业内外部资源的桥梁和纽带、培养智能家居领域人才的摇篮，协同智能家居上下游企业发展，推动行业进步。

平台部署：“硬件＋软件＋平台＋生态”四位一体。荣事达致力于“硬件＋软件＋平台＋生态”四位一体的“双创”平台建设，以互联互通为目标，建立“三品创客”网络平台系统，为创业团队和上下游企业提供便利的服务和信息共享渠道。荣事达建立O2O网络营销平台，将线下企业和团队的产品线上化；建立大企业ERP互联网管理系统，实现平台多方网络系统的互联互通和信息交互；完善制造中心，建立智能制造柔性生产平台。“双创”平台建设完成后，实现上下游企业相连接、“产、学、研”一体化，线上与线下互动，推动发展以智能家居十大研发系统为基础的产品研发、生产和销售，探索并建立专业咨询、人才培训、检验检测、投融资等“双创”服务体系，如图9-4所示。

实施内容：“合伙人＋事业部”实现“双创”资源互补。创客项目在经过遴选、评估进入“双创中心”的初期，荣事达提供免费资源，承担风险。过了初创期后，创客和荣事达经过认真评估，签订合作条款，确定股比分成，成为合伙人。在事业部内，创客拥有的资源量化为股份，创客变股东，实现了创业的蝶变，荣事达则成为“创业的推动者”“创造公司的公司”。

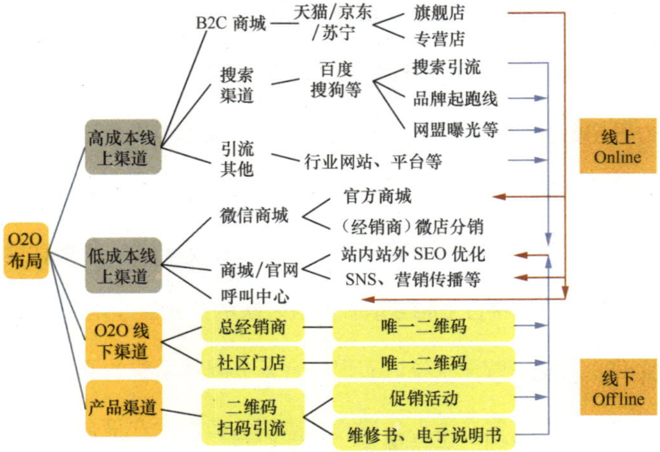


图 9-4　平台部署方式

对荣事达来说，通过推倒企业的围墙，一方面将荣事达的企业资源向全社会开放，另一方面全面拥抱全社会的创新资源为己所用，再配以“合伙人加事业部”的体制机制，在没有围墙的背景下构筑了灵活却又最紧密、最高效的创新利益共同体，为企业带来新的增长动力。

## 平台应用价值与推广性

基于“三位一体”创新体制和保障机制，荣事达着力建设智能家居“双创”示范基地，现已形成“产、学、研”合作基地3个，在全国部署营销网点5万余个，主导制定国家标准两项、行业标准3项，获得各类专利授权500余项，在智能家居领域储备440多个成熟项目，并主导成立了智能家居“双创”专项引导基金。

对初创企业或创业人来说，荣事达的品牌、资金、渠道等资源无可比拟，能迅速弥补创业的不足之处。同时，创业者的新理念、新技术、新渠道等，也弥补了荣事达无法大规模运用的不足之处。两者在“双创”平台上相互取长补短，产生了“1+1>2”的效果。

### 案例自评

荣事达“双创”平台聚焦“智能全屋”主业，视创客为利益共同体，开放优势资源，激活全社会创新能力，让那些零散的资源进入“双创”平台后，实现内外资源的整合聚集，重新焕发活力。本平台以“智能家居”产业链为中心，明确产品规划，精准扶持新项目，分段投入，全程合作，共同发展，建立基于市场痛点的“双创”加速方法论。荣事达双创的实践表明，全过程分阶段的精准扶持，高效优化配置了各种要素，提高了创新创业的成功率。

# 个性定制

## 案例 44　际华：鞋靴小批量个性化定制生产

### 企业及平台基本情况

际华三五一四制革制鞋有限公司（以下简称“际华”）为华北最大的制革、制鞋企业之一，是国家高新技术企业、中国皮革和制鞋行业科技示范企业。公司占地 40.73 万平方米，建筑面积 14 万平方米，注册资本 15000 万元，拥有员工 1600 余人，资产总额 9.5 亿元。公司拥有制革、制鞋设备 2600 余台（套），并引进了先进的 DESMA 双密度连邦制鞋机，具有年生产皮革 10 万张、毛皮 15 万张、各类皮鞋 130 万双、各种皮服及皮件等装具 100 万套（件）的生产能力。

## 平台应用需求及平台功能

平台应用需求主要来自 3 个方面。一是定制市场存在广泛的需求。随着人民生活水平的提高，定制由小众消费向大众消费过渡，各大鞋靴品牌纷纷布局定制市场。二是互联网技术为定制行业提供了商业模式，互联网和信息技术促进了商业模式的变革。定制信息平台把定制由线下搬到了互联网，让人们足不出户就能完成定制。三是 3D 数字化技术的市场潜力巨大。中国鞋类产业的 3D 数字化提升极具发展潜力，企业 3D 数字化的战略已经成为提高企业的快速反应能力、缩短研发周期、减轻劳动强度、改善工作环境、降低研发成本、提高企业整体设计水平的利器。

本平台的主要功能包括以下 5 点。一是建立数据库。鞋楦曲面的测量点的三维数据非常庞大，需要扫描之后再进行三维重建。建立鞋楦离散模型，对测量数据进行去噪、精简、对齐等处理，实现鞋楦曲面建模及三维显示，应用数据库相关理论设计鞋楦数据库。二是实现设计软件的互联互通。应用 ShoeMake、Shoemaster、Shoedoctor 等专业鞋靴设计软件，Rhino 等通用 3D

设计软件和 KeyShot 实时渲染软件，完成 3D 虚拟设计和二维样板处理，将数据传输到切割机进行自动切割。三是应用新技术做鞋楦模型。运用光学原理从三维脚型扫描系统中获得精准的脚型数据，采用非接触式探头，运用 Gemagic 等软件进行逆向工程操作。四是应用 3D 打印技术打印鞋楦。重点在于适用多种材料、缩短制造鞋楦周期、提高鞋楦的打印精度和表面光洁度，以及设计合理的支撑。五是柔性成型鞋底模具技术。重构柔性模具成型鞋底模具系统的开发和研究。

### 平台部署方式与实施内容

个性化定制平台主要由数据库开发与建设、设计协同功能开发、开发并建设个性定制系统 3 个部分构成。

数据库开发与建设：鞋靴数据库把正装制式将军系列、轻便休闲系列、商务休闲系列、欧式布洛克系列等鞋款扫描录入数据库，分别从材料、款式、工艺、版型、号码等方面进行分析，逐步完善数据库信息。按照设计审美的专业要求，根据服装的款式、颜色系统自动调取鞋靴推荐给客户。

设计协同功能开发：通过 3D 高清扫描仪完成脚型测量，形成脚型数据库，为人体、号型、版型研究提供大数据，便于进行系统分析。对接 3D 试穿系统，验证设计方案的合理性和鞋靴的舒适性，缩减试制环节，提升客户满意度；同时与版型设计联动，在顾客的 3D 模型上根据穿着效果进行修改，实现样板设计与款式设计的统一。

开发并建设个性定制系统：个性定制系统是连接销售平台与生产系统的桥梁，通过该系统实现销售平台订单信息与生产信息的对接与转换。订单信息导入个性定制系统后转换成复杂的生产信息，传输到生产管理系统。

## 平台应用价值与推广性

平台应用具有 3 个方面的价值和意义。一是对企业来说，能提高生产效率和产品质量。鞋靴数据库通过编码规则，快速组织材料、版型和工艺，对接生产的各工位，显著提高企业的生产经营效率。企业采用 3D 数字化鞋靴设计系统进行生产，精确度高达 99.9% 以上，高效匹配客户脚型，定制生产的鞋靴舒适性好，可以树立个性化定制业务品牌形象，提升品牌价值和品牌核心竞争力，创新生产模式。二是对行业来说，平台创新了制造模式。鞋靴定制信息化平台项目集数据采集、研发、设计、生产与销售于一体，将所有资源进行整合，对鞋靴个性化定制业务模式进行创新。三是对区域来说，本平台是探索地区企业转型的路径之一。为京津冀地区的鞋靴生产型企业的转型生产探索新路径；提升定制服务生产效率，降低成本，让定制消费大众化。

### 案例自评

鞋靴制造是面向最终消费者的传统工业行业，当前，企业面临内外部双重压力，成为亟须转型的典型行业。际华以研发设计环节作为切入点，利用新一代信息技术大幅降低研发设计成本，在线提供产品定制的创新服务，满足用户的个性化需求，使产品更加贴近用户，是典型的小批量个性化定制模式。

# 第十章 面向公共支撑的平台应用实践

公共支撑平台是将分散异构的信息资源、技术成果进行整合，并向政府、企业提供服务，促进标准测试验证与推广、技术成果转化与扩散、产业合作与交流、政策制定与评估等的载体，具备公益服务属性。从目前新一代信息技术与制造业融合领域来看，涌现出信息物理系统共性关键技术测试验证平台、工业互联网平台技术及创新技术服务平台、两化融合服务平台等，有力支撑产业界各类平台的创新发展。

### 专家点评

在新一代信息技术的演进及与制造业融合的发展背景下，面向公共支撑的平台是深化信息技术融合创新的应用，是促进产业升级、打造服务创新的重要抓手。各行各业要想长远发展，构建公共支撑平台是必由之路。马克思说过“经济基础决定上层建筑”，这说明了基础的重要性，而公共支撑平台就是发展的基石，决定着发展的命脉。在新一轮工业革命的浪潮下，面向公共支撑的平台应用实践是大势所趋。

# 信息物理系统（CPS）<br>共性关键技术测试验证平台实践

## 企业及平台基本情况

中国电子技术标准化研究院（以下简称“电子标准院”）于2016年9月受工业和信息化部指导发起成立中国信息物理系统（CPS）发展论坛，主要在信息物理系统标准研制、测试验证、理论研究、应用推广等方面开展支撑工作。电子标准院于2017年1月开始筹建信息物理系统共性关键技术测试验证平台，历时两年，并在2018年获批工业和信息化部制造业与互联网融合试点示范项目。

目前，信息物理系统共性关键技术测试验证平台主要针对机床、电子、汽车、钢铁等重点领域开展CPS测试验证，聚焦企业的标准协议兼容、数据互操作、异构系统集成、物理单元建模、工业信息安全等 CPS 核心关注点开展测试与提升工作。

## 平台应用需求及平台功能

平台面向信息物理系统的物理单元建模、数据互操作、标准协议兼容、异构系统集成和工业信息安全 5 项共性关键技术，研究并构建测试验证方法、工具集和用于测试验证支撑的制造单元知识库、模型库和资源库，并建设一个面向设计、仿真、工艺、试验、质量、生产、能耗等环节的系统数字化模型，针对信息物理系统共性关键技术测试验证的特殊性及复杂性需求，打造一套在技术上国际领先，在规划和资源储备上属国内首创的信息物理系统共性关键技术测试验证平台，如图 10-1 所示。

平台在技术创新性上的作用：一是采用前沿架构与主流技术开发多款测试工具与数百个测试用例；二是利用多项最新技术构建系统数字化模型。此外，在模式创新上通过“产、学、研、用”构建覆盖测试工具、支撑库、系统数字化模型和支撑库的测试验证平台，为 CPS 测试验证的应用推广奠定了良好基础。

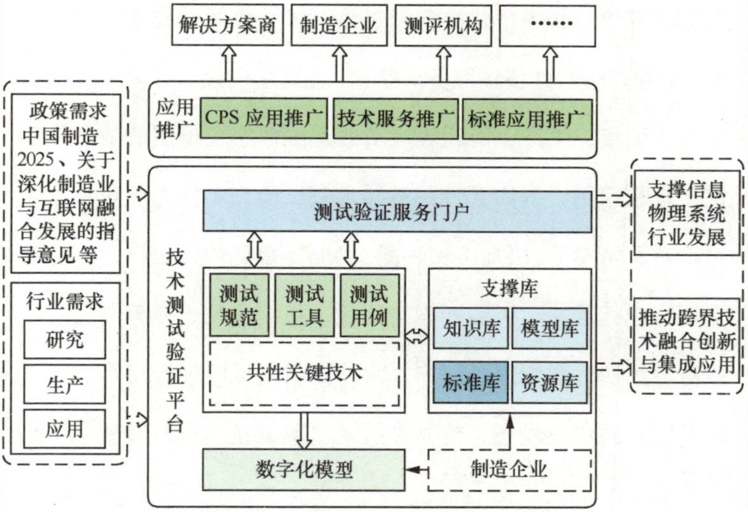


图 10-1　信息物理系统（CPS）共性关键技术测试验证平台总体设计

平台在示范性上的作用：一是提升对 CPS 共性技术的测试验证能力；二是打造对外提供测试验证服务的能力；三是对共性技术与测试规范进行推广应用；四是推动行业应用示范与测试验证，最终带动 CPS 产业生态的健全完善。

## 平台部署方式与实施内容

围绕信息物理系统测试验证需求，平台建设及应用包括 4 个方面的内容。

第一，建成信息物理系统测试验证平台，通过标准化的测试方法、系统化和模型化的测试过程，对共性关键技术开展测试验证，并能够对外提供服务。第二，构建面向设计、仿真、工艺、试验、质量、生产、能耗等环节的系统数字化模型研发多种测试工具和用例，提高共性关键技术测试验证的能力。第三，通过构建面向冲压、机加工和装配3个制造单元的知识库、模型库、资源库、标准库，沉淀知识与经验，持续优化、完善测试验证服务。第四，建设服务门户，对外提供测试验证受理和测试过程及结果的信息发布，使共性技术与测试技术得到有效推广和应用。

此外，将这4个方面进行集成，建成涵盖测试工具、支撑库、系统数字化模型的测试验证平台，提高测试验证关键生产单元和过程的数据采集、设备连接、实时监测和反馈控制能力。

## 平台应用价值与推广性

在平台应用价值方面，GPS共性关键技术测试验证平台能够为制造业企业提供物理单元建模、数据互操作、标准协议兼容、异构系统集成等CPS共性关键技术方面的测试验证服务，为企业发展 CPS 提供重要的参考和准则。其结果是引导 CPS 共性关键技术在产业间的推广应用，提供广泛丰富的服务市场，带动各行各业的 CPS 全面发展。平台对物理单元建模、数据互操作、标准协议兼容、异构系统集成等共性关键技术进行研究，并把相关技术的测试规范固化成标准，这能够为企业提供重要的 CPS 发展参考，引导企业向智能化的高级阶段演进。同时，本平台也能为系统解决方案提供商提供指引，形成规模化、可复制的系统解决方案，使系统解决方案提供商的经济效益最大化，进而从多个维度服务于制造业企业 CPS 的发展。

在平台推广方面，测试验证平台建设与应用推广可有效加快信息物理系统在行业的应用推广，面向机械、汽车、航空等重点行业开展应用推广，由点及面地培育 CPS 在制造业中的应用生态。本平台通过对 CPS 共性关键技术的测试验证，有效保障和验证关键共性技术的可靠性、有效性和安全性；同时，研制重点标准能够有效推动共性关键技术的落地，对技术要求的关键环节和要素进行固化，切实帮助企业理解 CPS 的内涵，促进 CPS 的行业应用和推广。

行业应用和推广是牵引 CPS 相关技术应用测试和标准体系建

立的有效手段，而目前国内仍缺乏相应的渠道和方法。以 CPS 核心组件为对象，建立通用性和专业性结合的测试验证平台，有利于加速 CPS 关键软硬件技术的应用和产业化。

CPS 共性关键技术测试验证平台的应用和推广，将积累大量基础知识库、模型库、资源库、标准库和解决方案，可以加速 CPS 成果的转化和推广，促进整个产业链的构建与完善，推动行业的发展，这将对我国 CPS 的发展带来明显的社会效益。

测试验证平台建设与应用推广可有效促进产业发展。本平台通过对 CPS 共性关键技术的测试验证，有效保障和验证关键共性技术的可靠性、有效性和安全性；测试验证平台作为 CPS 产业生态的一部分，有利于国内企业提升自主创新能力、提高产品质量、增强国际竞争力，为国内产品进入国际市场开辟道路；有利于推动 CPS 相关标准的贯彻和实施，推进我国 CPS 示范应用的有序进行和有效实施，推动 CPS 产业规范、有序、健康发展；还有利于推动 CPS 在咨询、设计、建设和实施等各方面的能力提升及市场应用，从整体上带动整个产业链的发展。

# 工业互联网平台基础及创新技术公共支撑平台实践

## 企业及平台基本情况

中国信息通信研究院（以下简称“中国信通院”）是国内工业互联网、5G通信、移动互联网等领域的权威性研究机构。作为工业互联网产业联盟的理事长和秘书长单位，中国信通院推动联盟汇聚了超过800家国内外工业互联网企业。中国信通院建有工业互联网网络、平台、安全以及信息物理系统、工业大数据等多个实验室，开展新技术验证、标准研制等多项工作，举办国内首届工业大数据竞赛，发布的《工业互联网架构》《工业互联网平台白皮书》等得到社会各界的高度评价。

目前，中国信通院在信息通信、云计算、大数据、物联网、信息物理系统、人工智能、信息安全、互联网应用和工业互联网相关领域承担省部级及以上重点实验室建设项目 11 项、承担省部级及以上平台建设项目 8 项、具有工业和信息化领域检测认证资质 13 个、获得工业和信息化领域统计、监测、评估、服务类省部级及以上项目 11 项。

## 平台应用需求及平台功能

工业互联网平台基础及创新技术服务平台聚焦于我国工业互联网平台发展的不足之处和关键技术环节，通过提供公益性公共技术服务，形成对工业互联网平台发展关键环节的技术和服务支撑，促进我国工业互联网平台的发展。

平台主要围绕汇集的工业数据凝聚制造企业、服务提供商、第三方开发者等多方利益者，以新技术验证、工业数据建模分析、测试评价、共享、交易为核心，形成多种服务形态，构建、培育基于服务平台的生态系统，最终形成平台企业、生产企业、服务提供商、第三方开发者等多方参与者的技术和服务支撑体系。

平台整体包含 3 个层次：首先提供“生产环境 + 工业互联网平台”的基础能力层；其次提供支撑工业互联网平台与工业

App 创新及公共服务的核心功能层；最后是面向不同服务对象提供各类公共服务的服务推广层。具体平台架构如图 10-2 所示。

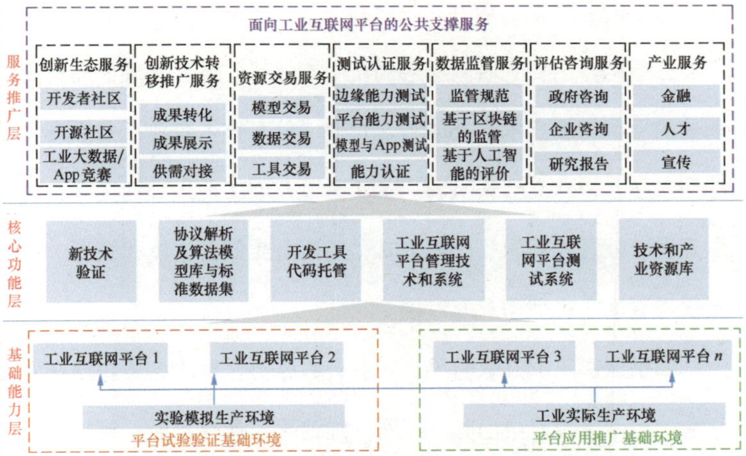


图 10-2　工业互联网平台基础及创新技术服务平台架构

一是构建工业互联网平台创新载体与技术验证环境。基于生产环境部署多个典型工业互联网平台，为平台企业、制造企业、信息技术企业乃至第三方开发者提供一个开展平台技术创新、工业 App 及应用创新的载体，能够在此基础上针对制造业的实际问题和新型技术开展验证，并形成解决方案。

二是提供工业互联网平台共性资源，降低创新门槛。有效汇聚典型工业互联网协议、算法、模型、组件等共性资源，建立资源库并向其他企业和开发者开放，降低开展工业互联网技术和应用创新的门槛，使企业可以专注于自己所在领域的业务和应用创新，激发产业创新的活力。

三是构建工业互联网平台创新生态体系。首先开展面向特定场景的平台创新技术，推动制造企业、信息技术企业、互联网企业深入融合，建立合作机制；其次通过开展工业大数据竞赛、建立开发者社区和开源社区等方式，汇聚各类创新主体和资源，并实现与制造业转型需求的对接。

四是提供工业互联网平台关键公共服务。解决各类企业在建平台、用平台过程中面临的问题，加速平台产业发展。可以提供平台及工业 App 测试认证服务、为“边建设、边测试、边推广”工业互联网平台发展路径提供底层公共技术支撑。还可以提供创新技术转移推广、关键资源交易、数据交易流转、评估咨询等各类相关服务。

### 平台部署方式与实施内容

工业互联网平台基础及创新技术服务平台建设围绕基础验证环境、核心服务能力和服务推广 3 类重点内容展开，具体部署方式如下。

基础能力层。建设平台物理基础为平台能力层和应用服务层提供底层支持。平台基础能力层包含3个部分：实验室模拟生产环境、工业现场实际生产环境和第三方平台。

实验室模拟生产环境和工业现场实际生产环境可提供包括新技术实验室或工业现场实验测试/验证，工业数据/模型/方法来源，为数据/模型/方法的分析、验证、推广提供实验室模拟或真实工业场景。

第三方平台建立在物理基础之上，可以为平台功能层提供具有其独到特点的资源、测试验证等相关服务，也是平台资源的来源之一，平台物理基础、各类资源能力也给第三方平台提供支撑。

核心功能层。在基础能力层的支撑下建设核心功能层，为应用服务提供支撑，包括6个主要部分：新技术验证能力、算法模型库/标准数据集、开发工具库和开发环境支持、针对工业互联网平台的测试评价体系、测试技术和产业资源库，同时研究平台管理技术和系统，实现对基础和技术创新平台的全面管理。

服务推广层。在核心功能层的支撑下，为用户提供针对工业互联网平台的 7 个方面的服务，包括创新生态服务、创新技术服务、资源交易服务、测评认证服务、数据监管服务、评估咨询服务和产业推广服务。

具体实施路径如下。

建设基础验证环境，包括实验室条件下的试验验证环境和实际生产条件下的应用示范环境。

开展平台创新技术验证并输出解决方案。

建立协议解析、算法模型、数据等各类平台基础资源库，实现资源共享交易和工业大数据 / 工业 App 创新。

建立开发和代码托管环境，打造开发者社区、开源社区。

建立基于区块链、人工智能技术的平台数据管理系统，实现模型和数据交易过程的监管。

建立平台评测系统，实现边缘侧能力、平台侧能力和模型及工业 App 能力的测试认证以及评估咨询。

建立技术与产业资源库，实现产业数据的监测和技术成果展示转化。

### 平台应用价值与推广性

在应用价值方面，工业互联网平台基础及创新技术服务平台的服务对象，可以分为工业互联网平台和第三方机构，其中第三方机构包含第三方投资机构、第三方信贷机构及第三方咨询机构等。工业互联网平台可以直接从公共服务平台获取服务，也可以通过公共服务平台向平台服务的其他对象（如第三方投资机构、第三方信贷机构或第三方咨询机构）获取服务。工业互联网平台还可以依托公共服务平台互相提供服务；第三方机构主要通过公共服务平台向工业互联网平台提供服务。这推动了工业互联网平台公共支撑服务体系的快速形成、平台关键资源的汇聚与共享及平台关键技术的创新。

在平台推广方面，工业互联网平台主要做了以下几个方面的工作。

第一，工业企业、平台企业、技术团队和第三方开发者在提高自己在领域内的影响力、拓展收入来源等动力的驱动下，有转化自己成熟技术成果的强大动力，服务平台具有丰富的资源池、测试评价能力、有针对性的专业服务以及大量企业、技术服务商等各类型用户，可以为技术成果转化提供有力支撑。

第二，工业互联网平台资源交易服务促进了工业互联网平台之间的资源交易流转，解决各个工业互联网平台的模型、算法、工具等资源的短缺以及分布不均衡的问题。

第三，工业互联网平台基于其基础支撑能力、工业操作系统能力和应用服务能力，制定工业互联网平台评测体系，诊断不同平台及解决方案的功能完整性与服务可用性，促进单个平台的性能优化与不同平台的兼容适配。

第四，公共服务平台通过对工业互联网平台的底层生产数据进行加工分析，完成工业互联网平台的信誉等级评定以及行业竞争力的分析，为工业互联网平台的融资以及投资方的投资和信贷服务提供基本支撑。

第五，在平台上各类工业互联网资源和核心能力的支撑下，工业互联网平台可以通过开发者社区和开源社区等手段推进工业互联网平台创新生态建设。

第六，工业互联网平台在开展工业 App 大赛过程中发现技术人才、凝聚技术人才、培养技术人才，让越来越多的人对公共服务平台有普遍认识。

工业互联网平台基础及创新技术服务平台面向我国工业和信息业产业发展需求，重点探索平台公共支撑体系的构建路径，解决其中基础及创新技术的验证、平台资源库构建、监管与评测系统开发等关键问题，并通过开源项目、成果转化、资源交易、交易监管、评估测试等多种方式提供公共服务，推动我国健康、有序地规范平台发展环境的构建，从而为我国把握工业互联网平台战略窗口期、加速工业互联网平台发展提供重要保障，带动工业互联网平台技术水平提升、带动工业互联网平台创新生态形成、带动工业互联网平台产业发展环境优化。

# 两化融合服务平台

## 企业及平台基本情况

国家工业信息安全发展研究中心简称国家工信安全中心，是工业和信息化部直属事业单位，是支撑我国工业领域信息安全的国家级研究与推进机构。经过近60年的发展与积淀，国家工信安全中心逐渐形成以工业信息安全和两化融合为核心，军工电子、知识产权、数字资源建设等共同发展的业务体系。多年来，国家工信安全中心以“支撑政府、服务行业”为宗旨，参与国家重大战略、规划、政策编制，服务对象包括工业和信息化部、中共中央网络安全和信息化委员办公室、国防科技工业局、科学科技部、国家发展和改革委员会、中央军事委员会装备发展部等政府和军队领导机关，以及相关科研院所、企业和高等院校等各类主体。国家工信安全中心自2008年起，开始做与两化融合相关的研究和实践工作，2015 年筹建两化融合服务平台及两化融合体验与推广实验室，在 2017 年年底，整体建设竣工，并顺利通过验收。

## 平台应用需求及平台功能

两化融合服务平台以两化融合评估诊断、对标引导和两化融合管理体系贯标、评定服务为抓手，以在线培训为全面保障，以供需精准对接为纽带，分级分类梳理、对接各类专业服务资源和系统解决方案，形成“一总多分”的新型公共服务平台聚集模式，构建立足全国的全方位、多层次、专业化的产业转型升级综合服务能力，如图 10-3 所示。平台为个人用户、企事业单位、咨询服务机构及各级政府提供两化融合一站式服务。

具体而言，两化融合评估系统是以企业为主体，从区域、行业、规模等多角度出发，系统嵌入了 16 套评估解决方案，供国民经济全行业 80 余个细分行业开展自评估、自诊断和自对标工作，通过对标分析企业的优势及存在的不足，为企业进一步的转型升级提供可靠依据；两化融合管理体系贯标、评定系统提供了两化融合贯标、评定工作全流程跟踪服务，引导企业建立一套在信息化环境下企业战略转型、管理创新、流程优化、数据驱动的科学方法，打造企业信息化环境下的新型能力，实现企业发展战略、管理模式和实施方案的协同联动和持续优化，加快提升企业的可持续竞争力和经济效益；两化融合培训系统持续开展各类与两化融合相关的学习、培训、考核、交流推广等活动，帮助企业、行业组织、地方政府主管部门学习掌握两化融合有关理论知识和先进实践。

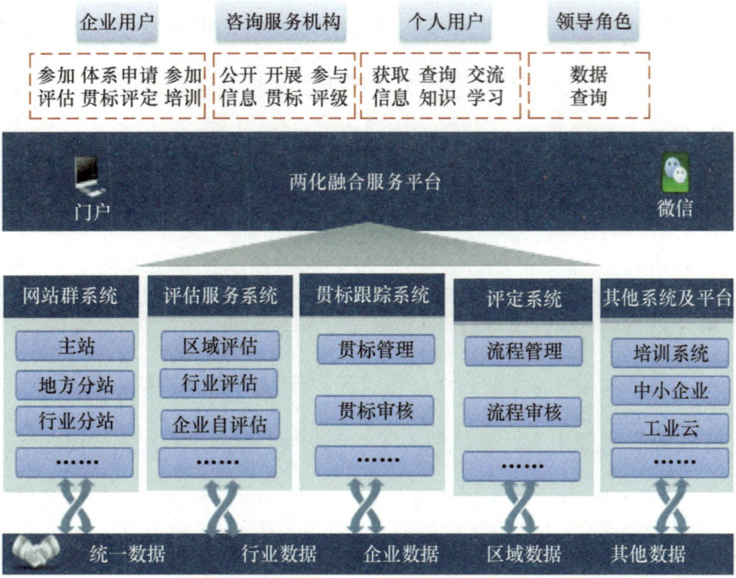


图 10-3　两化融合服务平台总体设计

## 平台部署方式与实施内容

构建两化融合评估系统，通过嵌入系统的评估模型，为企业提供两化融合在线评估服务。第一，构建两化融合管理体系贯标、评定系统，贯标系统通过分阶段上传贯标材料，实现贯标工作全流程跟踪，评定系统实现了评定工作全流程在线服务。第二，构建两化融合培训系统，提供在线学习两化融合相关知识服务，帮助企业各层次人员系统掌握在信息化环境下企业转型发展的相关知识和技能。第三，构建两化融合门户网站，通过门户发布各类信息，同时提供两化融合相关服务系统的入口。

两化融合服务平台是一个覆盖全国的网络平台体系，主要由国家平台、行业分平台、区域（省、市）分平台、央企平台组成，基于云计算架构，在国家平台和分平台的系统部署上可以实现逻辑分离或者物理分离；在运营管理方面，采用“1+$N$”的分布式管理模式，支持国家平台和分平台进行信息交换，可实现各分平台的独立经营，如图 10-4 所示。

## 平台应用价值与推广性

在平台应用价值方面，两化融合评估系统为企业提供在线评估诊断服务，通过评估报告反馈企业两化融合情况以及行业对比情况等，促进企业转型升级，依托系统为各级政府、行业、企业相关决策提供支撑；两化融合管理体系贯标、评定系统实现了贯标、评定工作的流程化管理，使贯标、评定工作更加规范，企业通过评定打造信息化环境中的新型能力，提升企业的核心竞争力；两化融合培训系统实现了两化融合的培训平台，为相关人员提供了多种培训方法和手段，为两化融合人才的培育打下坚实的基础。

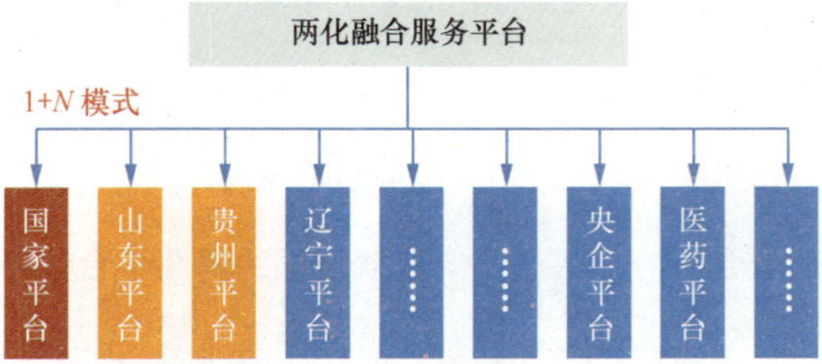


**图 10-4　两化融合服务平台部署方式**

在平台推广方面，两化融合服务平台的建成和推广能够引导企业两化融合建设的重点和方向，帮助企业解决转型升级过程中面临的关键问题，辅助企业快速建立新的国际与国内竞争优势；能够支持行业摸清两化融合发展现状和水平，找准行业共性特征和发展趋势，为行业协会等行业组织开展两化融合推进工作提供有力抓手，可大幅提升行业管理机构和行业服务组织的管理和服务能力与水平；能够支撑国家及时掌握和了解全国两化融合发展现状和水平，把握两化融合发展方向，为国家和地方工业信息化宏观决策部门和相关管理部门提供客观数据支持，支撑出台更有针对性、更有效可行的国家和地方政策、标准及规划，提高各级政府推进两化融合工作的一致性、科学性和准确性，为不断深入推进两化融合提供有力抓手，为加快促进工业转型升级提供科学的依据和途径。

### 案例自评

两化融合服务平台能够有效指导企业推进两化融合工作，依托贯标、评定工作促进企业建立两化融合管理体系，有效提高效率、降低成本，帮助企业真正获取与企业战略匹配的核心竞争优势，确保企业信息化建设获得预期成效，真正挖掘信息化红利，加速实现升级和可持续发展，为经济增长寻求新的动能。同时为各行业组织、各级政府提供两化融合发展实时数据，该数据将作为政府两化融合项目投资的重要依据。依据两化融合服务平台成果，可支持对资金支持重点方向的选择，对企业的评估，对项目实施过程的跟踪，从而支持实现资源的最优配置、经验的深入挖掘、规律的有效提炼和成果的更好推广，大幅提高投入产出比。

两化融合服务平台的应用和推广进一步完善了两化融合的方法和手段，形成了两化融合从评估诊断、管理体系贯标、评定、成果推广应用以及人员培育等一系列活动的流程和方法，将两化融合相关工作流程化、结构化，提高了工作的效率。同时整合了两化融合相关领域的专家、企业等资源，形成了两化融合服务的综合实力。

# 参考文献


[1] 王明波 . 工业互联网背景下我国制造业发展问题探讨 [J]. 经济师，2017（2）：291–292.

[2] 国家发展和改革委员会高技术产业司，中国信息通信研究院 . 大融合 大变革：国务院关于积极推进“互联网 +”行动的指导意见解读 [M]. 北京：中共中央党校出版社，2015.

[3] 余东华，胡亚男，吕逸楠. 新工业革命背景下“中国制造 2025”的技术创新路径和产业选择研究 [J]. 天津社会科学，2015（4）：98–107.

[4] 张爽. 三次工业革命演进过程中的路径依赖研究 [D]. 吉林财经大学，2017.

[5] 于娜. 三次工业革命演变的动态分析 [J]. 中国科技论坛，

2014（9）：40–45.

[6] 夏瑞丽. 计算机网络的发展进程和趋向 [J]. 机械管理开发，2008.

[7] 许正. 工业互联网：互联网 + 时代的产业转型：Industrial internet : industrial transformation in internet + ear[M]. 北京：机械工业出版社，2015.

[8] 通用电气公司. 工业互联网：打破智慧与机器的边界 [M]. 北京：机械工业出版社，2015.

[9] 谭建荣，刘振宇等. 智能制造：关键技术与企业应用 [M]. 北京：机 械工业出版社，2015.

[10] 王建伟 . 工业互联网助推中国产业升级 [J]. 互联网经济，2015（3）：32–39.

[11] 闫敏，张令奇，陈爱玉 . 美国工业互联网发展启示 [J]. 中国金融，2016（3）：80–81.

[12] 王峰，杨帅. 工业互联网发展态势及政策建议 [J]. 开放导报，2017（2）：84–88.

[13] 田洪川 . 从先进制造战略到工业互联网美国掀起再工业化浪潮 [J]. 世界电信，2015（4）：66–70.

[14] 彭瑜，王健，刘亚威 . 智慧工厂：中国制造业探索实践 [M]. 北京：机械工业出版社，2016.

[15] 汪郡 . 西门子推出 MindSphere 开放工业云 [J]. 轻工机械，2016（3）：48–48.

[16] 陈录城 . 海尔工业互联网创新实践：COSMOPlat——助力企业换道超车 [J]. 互联网天地，2017（3）：17–19.

[17] 吴文君，姚海鹏，黄韬 . 未来网络与工业互联网发展综述 [J]. 北京工业大学学报，2017（2）：163–172.

[18] 杨帅 . 工业 4.0 与工业互联网：比较、启示与应对策略 [J]. 当代财经，2015（8）：99–107.

[19] 胡晶 . 工业互联网、工业 4.0 和“两化”深度融合的比较研究 [J]. 学术交流，2015（1）：151–158.

[20] 刘默，张田 . 工业互联网产业发展综述 [J]. 电信网技术，2017（11）：26–29.

[21] 沈苏彬，杨震 . 工业互联网概念和模型分析 [J]. 南京邮电大学学报，2015（5）：1–10.

[22] 延建林，孔德婧 . 解析“工业互联网”与“工业 4.0”及其对中国制造业发展的启示 [J]. 中国工程科学，2015

（7）：141–144.

[23] 李建 . 美、德、中三国工业互联网标准建设进展 [J]. 工具技术，2017（1）：75.

[24] 王欣怡，王峰，等 . 主要国家工业互联网推进策略及政策分析 [J]. 中国信息通信研究院内部研究成果，2017（12）.

[25] 王建伟 . 工业赋能：深度剖析工业互联网时代的机遇和挑战 [M]. 北京：人民邮电出版社，2018.

# 附录 1：工业互联网平台建设及推广指南

为贯彻落实《国务院关于深化“互联网 + 先进制造业”发展工业互联网的指导意见》，加快发展工业互联网平台，工业和信息化部专门制定《工业互联网平台建设及推广指南》，并于 2018 年 7 月 9 日向各省、自治区、直辖市及计划单列市、新疆生产建设兵团工业和信息化主管部门正式印发并号召其认真贯彻执行。以下为《工业互联网平台建设及推广指南》正文：

## 工业互联网平台建设及推广指南

工业互联网平台面向制造业数字化、网络化和智能化的需求，构建基于云平台的海量数据采集、汇聚和分析服务体系，支撑制造资源泛在连接、弹性供给和高效配置，为贯彻落实《国务院关于深化“互联网 + 先进制造业”发展工业互联网的指导意见》，加快发展工业互联网平台，制定本指南。

### 一、总体要求

深入贯彻落实党的十九大和十九届二中、三中全会精神，以习近平新时代中国特色社会主义思想为指导，坚持新发展理念，聚焦工业互联网平台发展，以平台标准为引领，坚持建平台和用平台双轮驱动，打造平台生态体系，优化平台监管环境，加快培育平台新技术、新产品、新模式和新业态，有力支撑制造强国和网络强国建设。

到 2020 年，培育 10 家左右的跨行业跨领域工业互联网平台和一批面向特定行业、特定区域的企业级工业互联网平台，工业 App 大规模开发应用体系基本形成，重点工业设备上云取得重大突破，遴选一批工业互联网试点示范（平台方向）项目，建成平台试验测试和公共服务体系，工业互联网平台生态初步形成。

## 二、制定工业互联网平台标准

（一）**建立工业互联网平台标准体系**。制定工业互联网平台参考架构、技术框架、评价指标等基础共性标准。组织推进边缘计算、异构协议兼容适配、工业微服务框架、平台数据管理、平台开放接口、应用和数据迁移、平台安全等关键技术标准制定，面向特定行业制定形成一批平台应用标准。

（二）**推动形成平台标准制定与推广机制**。充分发挥企业、高校、科研院所、联盟和行业协会的作用，推动国家标准、行业标准和团体标准的制定与推广。建设标准管理服务平台，开发标准符合性验证工具及解决方案，在重点行业、重点区域开展标准宣贯培训。

**（三）推动平台标准国际对接。**建立与国际产业联盟、标准化组织的对标机制，等同采纳国际标准，加快国际标准的国内转化。支持标准化机构、重点企业主导或实质参与国际标准制定。

## 三、培育工业互联网平台

**（四）遴选10家左右的跨行业跨领域工业互联网平台。**制定工业互联网平台评价方法，在地方普遍发展工业互联网平台的基础上，分期分批遴选跨行业跨领域平台，加强跟踪评价和动态调整。组织开展工业互联网试点示范（平台方向）、应用现场会，推动平台在重点行业和区域落地，支持跨行业跨领域平台拓展国际市场。

**（五）发展一批面向特定行业、特定区域的企业级工业互联网平台。**制定工业互联网平台服务能力规范，支持协会联盟等开展平台能力成熟度评价，发布重点行业工业互联网平台推荐名录。鼓励地方建设工业互联网平台省级制造业创新中心，推动平台在“块状经济”产业集聚区落地。

**（六）提升工业互联网平台设备管理能力。**支持建设工业设备协议开放开源社区，引导设备厂商、自动化企业开放设备协议、数据格式、通信接口等源代码，形成工业设备数据采集案例库和工具箱。组织开展边缘计算技术测试与应用验证，推动基于工业现场数据的实时智能分析与优化。

**（七）加速工业机理模型开发与平台部署。**鼓励平台整合高校、科研院所等各方资源，推动重点行业基础共性技术的模型化、组件化、软件化与开放共享，促进基于工业互联网平台的工业知识沉淀、传播、复用与价值创造。

**（八）强化工业互联网平台应用开发能力。**支持平台建设多类开发语言、建模工具、图形化编程环境，开发平台化、组件化的行业解决方案软件包，推动面向场景的多功能、高灵活、预集成平台方案应用部署。

**（九）打造面向工业场景的海量工业 App。**组织研制工业 App 参考架构、通用术语、分类准则等标准。编制和滚动修订基础共性工业 App 需求目录，支持平台联合各方建设基础共性和行业通用工业 App 及微服务资源池。鼓励第三方建设工业

App研发协同平台和交易平台，推动工业App交易。

## 四、推广工业互联网平台

（十）**实施工业设备上云“领跑者”计划**。制定分行业、分领域重点工业设备数据云端迁移指南，推动工业窑炉、工业锅炉、石油化工设备等高耗能流程行业设备，柴油发动机、大中型电机、大型空压机等通用动力设备，风电、光伏等新能源设备，工程机械、数控机床等智能化设备上云用云，提高设备的运行效率和可靠性，降低资源能源消耗和维修成本。鼓励平台在线发布核心设备运行绩效榜单和最佳工艺方案，引导企业通过对标优化设备运行管理能力。

（十一）**推动企业业务系统上云**。鼓励龙头企业面向行业开放共享业务系统，带动产业链上下游企业开展协同设计和协同供应链管理。鼓励地方通过创新券、服务券等方式加大企业上云支持力度，发挥中小企业公共服务平台、小型微型企业创业创新基地作用，降低中小企业平台应用门槛。

（十二）**培育工业互联网平台应用新模式**。组织开展工业互联网试点示范（平台方向），培育协同设计、协同供应链管理、产品全生命周期管理、供应链金融等平台应用新模式。组织制定工业互联网平台应用指南，明确平台应用的咨询、实施、评估、培训、采信等全流程方法体系。

## 五、建设工业互联网平台生态

（十三）**建设工业互联网平台试验测试体系**。以测带建、以测促用，支持建设一批面向跨行业跨领域、特定区域和特定行业的试验测试环境，以及一批面向特定场景的测试床，开展技术成熟度、功能完整性、协议兼容性、数据安全性等试验测试。

（十四）**建设工业互联网平台开发者社区**。支持协会联盟联合跨行业跨领域平台建设开发者社区，推动平台开放开发工具、知识组件、算法组件等工具包（SDK）和应用程序编程接口（API），构建工业 App 开发生态。指导开发者社区建立人才培训、认证和评价体系，组织开展开发者创业创新大赛，加快工业 App 开发者人才队伍建设。

（十五）**建设工业互联网平台新型服务体系**。探索基于平台的知识产权激励和保护机制，创建工业互联网平台知识交易环境。构建基于平台的制造业新型认证服务体系，推动建立线上企业资质、产品质量和服务能力认证新体系。建设工业互联网平台基础及创新技术服务平台，推动资源库建设与技术成果交易。

## 六、加强工业互联网平台管理

（十六）**推动平台间数据与服务互联互通**。制定工业互联网平台互联互通规范，构建公平、有序及开放的平台发展环境。制定发布工业互联网平台数据迁移行业准则，实现不同平台间工业数据的自由传输迁移。支持协会联盟制定软件跨平台调用标准，推动工业模型、微服务组件和工业App在不同平台间可部署、可调用和可订阅。

（十七）**开展平台运营分析与动态监测**。搭建监测分析服务平台，加强与工业互联网平台运营数据共享，实时、动态监测工业互联网平台发展情况。发布工业App订阅榜、平台用户地图等榜单，开发细分行业产能分布数字地图。加强工业大数据管理与新技术应用，推进平台间数据安全流动、可信交易、汇聚共享和服务增值。

（十八）**完善平台安全保障体系**。制定完善工业信息安全管理等政策法规，明确安全防护要求。建设国家工业信息安全综合保障平台，实时分析平台安全态势。强化企业平台安全主体责任，引导平台强化安全防护意识，提升漏洞发现、安全防护和应急处置能力。

# 附录 2：工业互联网平台评价方法

为规范和促进我国工业互联网平台发展，支撑开展工业互联网平台评价与遴选，工业和信息化部专门制定《工业互联网平台评价方法》，并于 2018 年 7 月 9 日向各省、自治区、直辖市及计划单列市、新疆生产建设兵团工业和信息化主管部门正式印发并号召其认真贯彻执行。以下为《工业互联网平台评价方法》正文：

## 工业互联网平台评价方法

为规范和促进我国工业互联网平台发展，支撑开展工业互联网平台评价与遴选，制定本方法。工业互联网平台评价重点包括平台基础共性能力要求、特定行业平台能力要求、特定领域平台能力要求、特定区域平台能力要求和跨行业跨领域平台能力要求 5 个部分。

### 一、基础共性能力要求

工业互联网平台基础共性能力要求包括平台资源管理、应用服务等工业操作系统能力，以及平台基础技术、投入产出效益共 4 个方面。

## （一）平台资源管理能力

**1. 工业设备管理**。兼容多类工业通信协议，可实现生产装备、装置和工业产品的数据采集。部署各类终端边缘计算模块，可实现工业设备数据实时处理。适配主流工业控制系统，可实现参数配置、功能设定、维护管理等设备管理操作。

**2. 软件应用管理**。可基于云计算服务架构，提供研发、采购、生产、营销、管理和服务等工业软件，提供工业软件集成适配接口。可基于平台即服务架构，提供面向各类工业场景的机理模型、微服务组件和工业 App。具备各类软件应用及工业 App 的搜索、认证、交易、运行、维护等管理能力。

**3. 用户与开发者管理**。具备多租户权限管理、用户需求响应、交易支付等多类用户管理能力。建有开发者社区，能够集聚各类开发者，并提供应用开发、测试、部署和发布的各类服务和管理功能。

**4. 数据资源管理**。具备海量工业数据资源的存储与管理能力，部署多类结构化、非结构化数据管理系统，提供工业数据的存储、编目、索引、去重、合并及质量评估等管理功能。

## （二）平台应用服务能力

**1. 存储计算服务**。具备云计算运行环境，部署主流数据库系统，能够为用户提供可灵活调度的计算、存储和网络服务，满足海量工业数据的高并发处理需求，且积累存储一定规模的工业数据。

**2. 应用开发服务**。提供多类开发语言、开发框架和开发工具，提供通用建模分析算法，能够支撑数据模型及软件应用的快速开发，满足多行业多场景开发需求。

**3. 平台间调用服务**。支持工业数据在不同 IaaS 平台间的自由迁移。支持工业软件、机理模型、微服务和工业 App 在不同 PaaS 平台间的部署、调用和订阅。

**4. 安全防护服务**。部署安全防护功能模块或组件，建立安全防护机制，确保平台数据、应用安全。

**5. 新技术应用服务**。具备新技术应用探索能力，开展人工智能、区块链、VR/AR/MR 等新技术应用。

## （三）平台基础技术能力

**1. 平台架构设计**。具有完整的云计算架构，能够基于公有云、私有云或混合云提供服务。

**2. 平台关键技术**。具备设备协议兼容、边缘计算、异构数据融合、工业大数据分析、工业应用软件开发与部署等关键技术能力。

### （四）平台投入产出能力

**1. 平台研发投入**。具备对平台的可持续投入能力，财务状况、研发投入合理。

**2. 平台产出效益**。能够依托各类服务及解决方案，为平台企业创造良好的经济效益。

**3. 平台应用效果**。具有良好的应用效果，能够基于平台应用带动制造企业提质增效。

**4. 平台质量审计**。具备明确的运行安全和质量审计机制和能力，以降低由平台运营的潜在风险引起的损失。

## 二、特定行业平台能力要求

在工业互联网平台基础共性能力的基础上，特定行业平台在设备接入、软件部署和用户覆盖 3 个方面具有额外要求。

### （一）行业设备接入能力

平台在特定行业具备设备规模接入能力，连接不少于一定数量特定行业工业设备（离散行业）或不少于一定数量特定行业工艺流程数据采集点（流程行业）。

### （二）行业软件部署能力

平台在特定行业具备工业知识经验的沉淀、转化与复用能力，提供不少于一定数量行业软件集成接口、特定行业机理模型、微服务组件，以及不少于一定数量特定行业工业 App。

### （三）行业用户覆盖能力

平台在特定行业具备规模化应用能力，覆盖不少于一定数量特定行业企业用户或不少于一定比例特定行业企业。

## 三、特定领域平台能力要求

在工业互联网平台基础共性能力基础上，特定领域平台在关键数据打通、关键领域优化构建两个方面具有额外要求。

### （一）关键数据打通能力

特定领域平台能够实现研发设计、物料采购、生产制造、运营管理、仓储物流、产品服务等产品全生命周期，供应链企业、协作企业、市场用户、外部开发者等各主体数据的打通，实现全流程的数据集成、开发和利用。

### （二）关键领域优化能力

特定领域平台能够实现在某一关键领域的应用开发与优化

服务，提升关键环节生产效率与产品质量。如协同设计、供应链管理、智能排产、设备预测性维护、产品质量智能检测、仓储与物流优化等。

## 四、特定区域平台能力要求

在工业互联网平台基础共性能力基础上，特定区域平台在地方合作、资源协同、规模推广 3 个方面具有额外要求。

### （一）区域地方合作能力

平台在特定区域（工业园区或产业集聚区）落地，在该地具有注册实体，与地方政府签订合作协议，具备在地方长期开发投入、运营服务能力。

### （二）区域资源协同能力

平台具备面向特定区域产业转型升级共性需求的服务能力，能够促进区域企业信息共享与资源集聚，带动区域企业协同发展。

### （三）区域规模推广能力

平台具备特定区域企业的规模覆盖能力，为不少于一定数量特定区域企业或不低于一定比例特定区域企业提供服务。

## 五、跨行业跨领域平台能力要求

在工业互联网平台基础共性能力、特定行业能力、特定区域能力和特定领域能力基础上，跨行业跨领域平台要求包括以下 5 个方面。

### （一）平台跨行业能力

平台覆盖不少于一定数量特定行业：

每个行业连接不少于一定数量行业设备（离散行业）或不少于一定数量行业工艺流程数据采集点（流程行业）。

每个行业部署不少于一定数量行业机理模型、微服务组件，以及不少于一定数量行业工业 App。

每个行业覆盖不少于一定数量企业用户或不少于一定比例行业企业。

### （二）平台跨领域能力

平台覆盖不少于一定数量特定领域：

每个领域之间能够实现不同环节、不同主体的数据打通、集成与共享。

每个领域具有不少于一定数量面向该领域（关键环节）的工业机理模型、微服务组件或工业 App。

### （三）平台跨区域能力

平台覆盖不少于一定数量特定区域：

平台在全国（华北、华东、华南、华中、西北、东北）主要区域注册不低于一定数量运营实体，负责平台在当地区域的运营推广。每个区域具有不少于一定数量的特定区域企业用户或为不低于一定比例的特定区域企业提供服务。

### （四）平台开放运营能力

**1. 平台具备独立运营能力。**具有独立法人实体或完整组织架构的集团独立部门，人员规模不少于一定规模。

**2. 平台具备开放运营能力。**建立产学研用长期合作机制，建有开发者社区，且第三方开发者占平台开发者总数比例不低于一定比例。

### （五）平台安全可靠能力

**1. 工控系统安全可靠。**在平台中建立工控系统安全防护机制，主动防护漏洞危害与病毒风险。

**2. 关键零部件安全可靠。**在平台边缘计算或人工智能应用中，具备关键零部件的安全可靠能力。

**3. 软件应用安全可靠。**平台创新开发一定数量工业机理模型、微服务组件或工业 App。

# 附录3：工业互联网平台标准体系框架（版本1.0）

为促进工业互联网平台有序健康发展，由工业和信息化部信息化和软件服务业司指导，工业互联网产业联盟（以下简称“AII”）基于《工业互联网标准体系框架（版本1.0）》和《工业互联网平台白皮书（2017）》对工业互联网平台标准体系进行细化，研究编写《工业互联网平台标准体系框架（版本1.0）》，并于2018年2月6日通过AII网站公开发布。以下为《工业互联网平台标准体系框架（版本1.0）》正文：

## 工业互联网平台标准体系框架
## （版本1.0）

### 编写说明

工业互联网平台是工业全要素链接的枢纽与工业资源配置的核心，在工业互联网体系架构中具有至关重要的地位。当前工业互联网平台正处于发展初期，存在标准化缺少顶层指导，关键技术标准缺失、滞后等问题。为促进工业互联网平台有序健康发展，由工业和信息化部信息化和软件服务业司指导，工业互联网产业联盟（以下简称“AII”）启动了工业互联网平台标准体系框架的研究。基于《工业互联网标准体系框架（版本1.0）》和《工业互联网平台白皮书（2017）》对工业互联网平台标准体系进行细化，提出了工业互联网平台标准体系建设的总体思路、基本原则、标准体系框架、重点标准化方向及标准化推进建议。报告旨在为业界提供体系化、系统化的工业互联网平台标准化指导框架，为制修订工业互联网平台国家标准、行业标准、团体标准提供参考和依据，为工业互联网平台发展提供基础支撑。

工业互联网平台是不断演进发展的，联盟将根据国内外工业互联网平台的发展情况，持续推进标准化需求研究，广泛吸纳产业界的反馈意见，适时修订和发布报告新版。

**指导单位：**工业和信息化部信息化和软件服务业司

**牵头编写单位：**中国信息通信研究院

**参与编写单位：**中国信息通信研究院、中国科学院自动化研究所、国家工业信息安全发展研究中心、中国电子信息产业发展研究院、中国软件评测中心、中国航天科工集团公司、青岛海尔工业智能研究院有限公司、树根互联技术有限公司、富士康科技集团、华为技术有限公司、中国电信上海研究院、中国移动研究院、联通系统集成有限公司、上海工业互联网创新中心、用友网络科技有限公司、北京和利时智能技术有限公司、浙江中控技术股份有限公司、中国大唐集团公司、北京索为系统技术股份有限公司、基本立子（北京）科技发展有限公司、浪潮集团有限公司、普奥云信息科技（北京）有限公司、北京寄云鼎城科技有限公司、美国参数技术公司（PTC 公司）、施耐德电气（中国）有限公司、国双科技有限公司、北京东方国信科技股份有限公司、中软国际有限公司、北京中安鼎辉科技有限公司、北京中船信息科技有限公司

## 编写组成员：

中国信息通信研究院：余晓晖、续合元、黄颖、李海花、沈彬、关欣、石友康、段世惠、刘默、刘钊

中国科学院自动化研究所：王军平

国家工业信息安全发展研究中心：邱君降

中国电子信息产业发展研究院：杨春立

中国软件评测中心：郝鑫

中国航天科工集团公司：黄炎、侯宝存、于文涛、卫未、刘洋

青岛海尔工业智能研究院有限公司：曲宗福、李莹、张定平、王勇

树根互联技术有限公司：文博武、贺旭

富士康科技集团：梁国钜、谢福、蒋逸文、陈金星

华为技术有限公司：张锋、王孝丰、朱松、王海艳、付晨斌

中国电信上海研究院：杨震

中国移动研究院：赵睿

联通系统集成有限公司：周小飞

上海工业互联网创新中心：左志丹

用友网络科技有限公司：杨宝刚

北京和利时智能技术有限公司：龚涛

浙江中控技术股份有限公司：俞文光

中国大唐集团公司：徐晖

北京索为系统技术股份有限公司：江漫、严秀丽、邓平、张舵

基本立子（北京）科技发展有限公司：段冀新、鲍晓光

浪潮集团有限公司：方亚东、王腾江

普奥云信息科技（北京）有限公司：柏文彦

北京寄云鼎城科技有限公司：王伟、王辉

美国参数技术公司（PTC 公司）：高谊

施耐德电气（中国）有限公司：李凯

北京中船信息科技有限公司：金风明

国双科技有限公司：刘艳辉

北京东方国信科技股份有限公司：赵红卫、张剑、聂波

中软国际有限公司：安健男

北京中安鼎辉科技有限公司：吕弟

## 一、工业互联网平台产业发展情况

当前，全球工业互联网正加速深化发展，工业互联网平台作为工业互联网落地实施与生态构建的关键载体，正成为全球产业界布局的重点。

**一是装备制造和自动化企业**，发挥工业制造技术、产品、经验和数据等积累优势，构建工业互联网平台，典型代表如GE、西门子、ABB、和利时等；**二是生产制造企业**，凭借自身数字化转型经验以平台为载体对外提供服务，如三一重工 / 树根互联、海尔、航天科工等；**三是工业软件企业**，借助平台的数据汇聚与处理能力提升软件性能拓展服务边界，如PTC、SAP、Oracle、用友等；**四是信息通信技术企业**，发挥ICT技术优势将已有平台向制造领域延伸，如IBM、

微软、华为、思科等。此外，平台之间的相互合作不断深化，如GE Predix与微软Azure、西门子MindSphere与SAP HANA、树根互联与腾讯，平台之间通过强强联合加速产业生态布局。

整体上，工业互联网平台尚处于发展初期，相关的技术标准和管理规范尚未建立，各种平台独立发展，平台与设备、智能产品等互联协议多且缺乏统一标准，数据转换与互认标准基本空白，对平台运行、平台资源、平台服务缺少规范化管理。为避免碎片化发展，规范平台研发、建设、运行和服务，引导产业健康发展，亟须加快工业互联网平台相关标准的制定，并协同推进标准的国际化。

## 二、工业互联网平台标准体系建设的思路及原则

### （一）总体思路

抓住新一轮科技革命和产业变革契机，紧密结合我国工业互联网平台发展及标准化需求，按照“统筹规划、需求牵引、持续迭代、兼容并蓄”的原则，建立统一、综合、开放的工业互联网平台标准体系，明确工业互联网平台重点标准化领域和方向，协同推进国际标准制定，为我国工业互联网平台有序、

快速发展提供支撑和保障。

## （二）基本原则

1. 统筹规划，做好顶层设计

加强工业互联网平台标准体系框架设计及标准化工作的组织实施，明确重点标准化领域和方向，有效指导工业互联网平台国家标准、行业标准、团体标准等相关标准化工作。

2. 需求牵引，推进产业发展

坚持以应用需求为牵引，强化标准的先进性、适用性和有效性，结合产业共性需求规划部署阶段性推进重点，强化基础共性、产业亟须标准研制。

3. 持续迭代，逐步改进完善

适应工业互联网平台发展和竞争需求，采用边部署实施、边创新发展、边完善管理的总体思路，协同推进标准研制，持续完善标准体系。

4. 兼容并蓄，深化国际合作

加强我国工业互联网平台技术创新成果向国际标准的转化，充分借鉴国际工业互联网平台技术和标准化成果，协同推动国内国际标准研制。

## 三、工业互联网平台标准体系框架

### （一）工业互联网平台标准体系框架

结合工业互联网平台功能架构，工业互联网平台标准框架可以划分为总体标准、共性支撑标准和应用服务标准三大类，如图1所示。

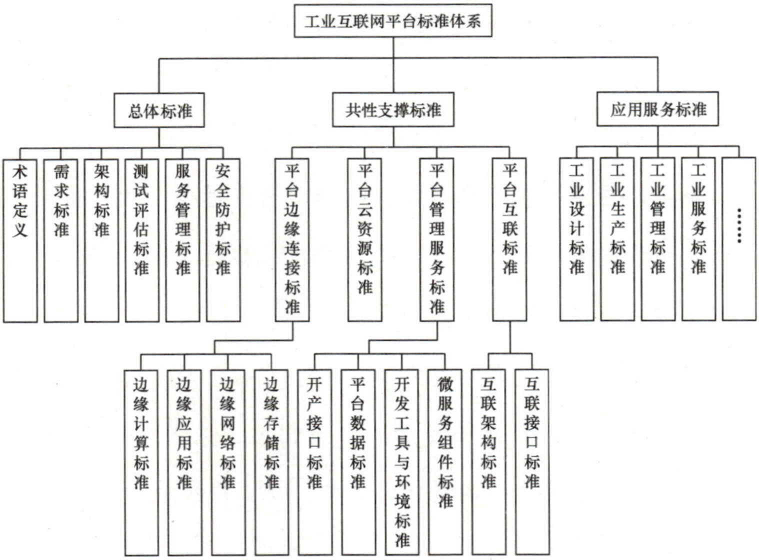


图1　工业互联网平台标准体系

### （二）工业互联网平台重点标准化领域和方向

1. 总体标准

总体标准主要规范了工业互联网平台的总体性、通用性、指导性标准，包括术语定义、需求标准、架构标准、测试评估标准、服务管理标准、安全防护标准等。

（1）术语定义用于统一工业互联网平台的主要概念认识，为其他工业互联网平台相关标准中的术语定义提供依据和支撑。

（2）需求标准基于工业互联网平台应用场景的收集，提取工业互联网平台功能、性能、服务等需求，以指导平台架构设计。

（3）架构标准用以明确和界定工业互联网平台的范畴、各部分的层级关系和内在联系，包括工业互联网平台通用分层模型、总体架构、核心功能、不同层级和核心功能之间的关系，以及工业互联网平台共性能力的要求等。

（4）测试与评估标准用于针对工业互联网平台技术、产品的测试进行规范，用于对平台的运行部署和服务提供开展评估，包括测试方法、可信服务评估评测、应用成熟度评估评测等。

（5）服务管理标准用于规范工业互联网平台的建设及运行，工业互联网平台企业服务行为，包括工业互联网平台运行管理、服务管理等方面的标准，以及针对企业的管理机制。

（6）安全防护标准主要规范工业互联网平台的安全防护要求，包括工业数据安全、工业云安全、工业应用安全、平台安全管理等标准。

1）工业数据安全标准用于规范工业互联网平台承载的数据相关的安全要求，包括工业互联网平台数据采集、传输、存储、使用过程的安全要求，保障数据全生命周期的机密性和完整性。

2）工业云安全标准用于规范支撑工业互联网平台的工业云基础设施的安全要求，包括工业云的虚拟化安全、API 接口安全、计算及存储资源安全等。

3）工业应用安全标准用于规范工业互联网平台智能应用层智能化生产、网络化协同、个性化定制、服务化延伸等应用服务安全，包括支撑各种应用的软件、App、Web 安全等。

4）平台安全管理标准用于规范工业互联网平台相关的安全管理及服务要求，包括风险管理、责任管理、资产管理、运维管理、供应链管理、风险评估、安全评测、应急响应等相关要求。

2. 共性支撑标准

共性支撑标准主要规范工业互联网平台的关键共性支撑技术。包括平台边缘连接标准、平台云资源标准、平台数据标准、平台管理服务标准、平台互联标准等。

（1）平台边缘连接标准主要规范工业互联网平台在数据网关、智能模块等边缘设备中的相关计算、存储、网络、应用等标准。

（2）平台云资源标准主要规范工业互联网平台云基础设施相关技术，包括虚拟化的计算、存储和网络资源，以及基础框架（如 Hadoop、OpenStack、Cloud Foundry）、存储框架（如分布式文件系统 HDFS）、计算框架（如 MapReduce、SPARK）、消息系统等标准。

（3）平台管理服务标准主要规范工业互联网平台管理服务相关的标准，包括开放接口标准、平台数据标准、开发工具与环境标准、微服务组件标准等。

1）开放接口标准主要规范工业互联网平台在对用户提供服务时的开放接口能力，包括开发工具 API、微服务调用 API 等。

2）平台数据标准主要规范工业数据交换标准、工业数据分析标准、工业数据管理标准、工业数据建模标准、工业大数据服务标准等。

3）开发工具与环境标准主要规范工业互联网平台开发公共服务能力，包括应用开发工具标准、建模工具标准、开发运行支撑环境标准、服务调用与管理标准等。

（4）平台互联标准主要规范不同类型或不同领域平台间共享合作所需要的标准，包括互通架构、互通接口等标准。

1）互通架构标准主要规范不同平台之间对接的模式等要求，包括组网模式、结算模式、接口要求、服务质量等。

2）互通接口标准主要规范不同工业互联网平台之间的数据接口、应用接口等。

3. 应用服务标准

应用服务标准主要规范涉及工业企业生产、管理、服务等环节，如研发设计、生产制造、供应链和物流、产品运维等，规范内容包括服务功能、接口、配置等要求，以及面向垂直行业的应用服务，如设备状态分析、供应链分析等，包括服务功能、接口、配置等要求。

## 四、工业互联网平台标准化存在的问题和挑战

当前，工业互联网平台尚处于发展初期，工业互联网平台标准缺失，同时人工智能、边缘计算、微服务等新技术新理念不断引用，跨界融合与全球竞争正在加剧，对工业互联网平台标准化提出了很多新的挑战。

**工业互联网平台标准亟须加快研制。**从全球来看，工业互联网平台凭借其对数据、服务、用户等各种资源的汇聚作用，成为产业界关注的焦点，制造企业、互联网企业和传统信息通信企业纷纷推出各自的工业互联网平台产品，业界尚未形成公认的工业互联网平台标准，面向工业需求的平台的功能、接口、

数据管理与服务、性能、安全可信等方面的要求尚不明确。

**工业互联网平台标准化工作机制有待创新**。工业互联网平台是互联网资源与工业系统资源对接的枢纽，是IT技术与OT技术跨界融合的关键基础设施，其技术标准研制需要垂直行业领域、ICT领域、工业领域专家协作开展，并加速迭代创新。亟须针对工业互联网平台发展和竞争需求，探索加快标准化研制的工作机制和研制通道。

**全球工业互联网平台相关标准竞争加剧**。围绕平台相关的接口协议、数据互认等标准，正在成为全球标准化布局的重点，人工智能、边缘计算等创新领域全球标准化布局加剧，开源理念正在向工业互联网平台延伸。我国亟须围绕工业互联网平台相关的技术标准，加紧战略布局，加快标准化进程，协同推进国内国际标准研制。

## 五、工业互联网平台标准化工作推进建议

工业互联网平台标准化是规范发展、提升融合发展水平的重要抓手，现阶段工业互联网平台处于发展初期的重要历史机遇，应充分发挥标准化作用，做好对工业互联网平台技术、产品的引导，规范运营管理，深度参与国际标准化。

**推动产业协作开展工业互联网平台标准研制**。面向工业互联

网平台标准化需求，促进产业链条上下游联合、跨界联合、产学研用联合，推动总体性标准、共性支撑标准、应用服务标准研制，突破数据采集、工业大数据、开放接口等共性技术标准，以及模型库、算法库、微服务等关键能力部件的调用、集成等标准化问题，为开发平台应用的多方参与者快速有效开展业务提供支撑。

**探索工业互联网平台标准制定的新模式**。响应国家《深化标准化工作改革方案》的倡议，充分发挥产业联盟等组织在标准制定方面速度快、市场需求响应及时、标准推广高效等优势，加快在工业互联网平台关键技术标准方面的制定工作，并积极探索标准向国标行标的转化机制。

**推进工业互联网平台标准验证和标准推广**。加强工业互联网平台标准试验验证工作，推进工业互联网平台技术标准、产品、系统和应用的验证环境建设，推广工业互联网平台公共评估工作，为技术、标准、平台产品和应用的研发、测试和运行提供试验支撑环境，加快工业互联网平台相关技术标准及产品的推广应用。

**积极参与国际标准研制**。积极推动我国科研院所、工业互联网平台建设运营企业、智能设备研发企业等工业互联网平台生态体系利益攸关方，积极参与国际标准化组织、协会、联盟的标准化工作，加强与国际领先工业互联网平台企业的交流与合作。